Ai meu Deus,
Ai meu Jesus

crônicas de amor e sexo

Do autor:

As Solas do Sol

Cinco Marias

Como no Céu & Livro de Visitas

O Amor Esquece de Começar

Meu Filho, Minha Filha

Um Terno de Pássaros ao Sul

Canalha!

Terceira Sede

www.twitter.com/carpinejar

Mulher Perdigueira

Borralheiro

Ai Meu Deus, Ai Meu Jesus

Espero Alguém

Me Ajude a Chorar

Carpinejar

Ai meu Deus, Ai meu Jesus
crônicas de amor e sexo

4ª edição

Rio de Janeiro | 2014

Copyright © Fabrício Carpinejar, 2012.

Capa: Humberto Nunes
Imagem de capa: CSA Images/Getty Images
Fotos do autor gentilmente cedidas por Cínthya Verri.

Editoração: FA Studio

Texto revisado segundo o novo
Acordo Ortográfico da Língua Portuguesa

2014
Impresso no Brasil
Printed in Brazil

CIP-Brasil. Catalogação na fonte
Sindicato Nacional dos Editores de Livros – RJ

C298a 4ª ed.	Carpinejar, 1972- Ai Meu Deus, Ai Meu Jesus: crônicas de amor e sexo / Carpinejar. — 4ª ed. — Rio de Janeiro: Bertrand Brasil, 2014. 256 p.: 21cm ISBN 978-85-286-1557-9 1. Crônica brasileira. I. Título.
12-2421	CDD: 869.98 CDU: 821.134.3(81)-8

Todos os direitos reservados pela:
EDITORA BERTRAND BRASIL LTDA.
Rua Argentina, 171 – 2º andar – São Cristóvão
20921-380 – Rio de Janeiro – RJ
Tel.: (0xx21) 2585-2070 – Fax: (0xx21) 2585-2087

Não é permitida a reprodução total ou parcial desta obra, por quaisquer meios, sem a prévia autorização por escrito da Editora.

Atendimento e venda direta ao leitor:
mdireto@record.com.br ou (0xx21) 2585-2002

Impresso no Sistema Cameron de Impressão da Divisão Gráfica da Distribuidora Record.

Sumário

SEXO e sexo 11

NENHUMA MULHER SE ACHA BONITA 14

DORMINDO SEMPRE JUNTOS, NA MESMA HORA 17

Q'BOA 20

MUITO IRRITANTE 22

O SOLUÇO 24

INJUSTIÇA 27

PESCARIA 30

PASTELÃO 34

GELADEIRA DE SOLTEIRO 37

TÁTICAS INFALÍVEIS 39

NÃO EXISTE PACIÊNCIA 42

O QUASE É TÃO CHEIO DE TUDO 45

DEITANDO O PORTA-RETRATOS 47

TEMPO É TERNURA 50

FALHA DE CONEXÃO 52

LEI SECA 55

O QUE É FUNDAMENTAL NO CASAMENTO 58

ATRÁS DO BALCÃO 61

ANTES DAS FOTOGRAFIAS 64

NÃO RECLAME DO HOMEM RONCANDO 66

IRRESISTÍVEL 68

POR QUE AMO MINHA MULHER? 71

FRANQUEZA PARA MACHUCAR 74

APAGUE A LUZ 76

QUER NAMORAR? 79

COMO DESMASCARAR O CHORO FALSO 81

MEDO DE SE APAIXONAR 84

CASAL PROBLEMA 87

O AMOR PERDOA TUDO 90

MANDRAKE! 92

QUANTO TEMPO? 95

NATUREZA VIVA 98

ABRAÇO DE JUDAS 100

VINTE RAZÕES PARA AMAR UM CARECA 103

INVOLUNTARIAMENTE PORNOGRÁFICO 106

CILADAS 109

DESEJO NÃO É CARÊNCIA 112

A MULHER É UM FIGO 114

QUANDO ELA GOZA 116

NÃO SOFRA COM A VERDADE, AMPLIE SEU DOCUMENTO 118

O CRÉDITO-MINUTO 122

SEXO DEPOIS DOS FILHOS 126

TODO CASADO POR MUITO TEMPO É TARADO 128

NÃO DEIXE PARA DEPOIS 131

AUMENTE SUA DELICADEZA 134

BANHO DE LÍNGUA 137

É ADORÁVEL UMA MULHER TODA NUA DE MEIAS BRANCAS 139

FANTASIAS ESPECIALIZADAS 142

NÃO SE COME UMA MULHER 145

ADIVINHANDO 147

NÃO ESQUEÇA O CASACO 150

O ORGASMO FEMININO E O QUINDIM 152

A TORCIDA DOS BAGACEIROS 154

PAPAI-MAMÃE JÁ TIVERAM FILHOS 157

QUANDO NÃO SE ESPERA 159

RINDO NO AMOR, NÃO DO AMOR 161

VINGANÇA 163

CAMA NA MESA 166

A CARNE É FORTE 168

O INFERNO É O EXCESSO DO BEM 170

ENTRE CAVALOS E CACHORROS 172

RECONCILIAÇÃO 175

TARADO 177

CURIOSIDADE SELVAGEM 180

TOQUE 182

QUANDO VOCÊ RECOLHEU MEU CORPO 185

NÃO QUER TRANSAR 187

HOMEM QUE BROXA AO TRAIR NÃO FOI INFIEL 190

BASTIDORES 193

BOATO 196

ESQUECER 199

ENQUANTO JACK ESTAVA NA GARRAFA 202

VAI SE DEPILAR HOJE? 204

QUANDO O HOMEM FINGIR O ORGASMO 206

ESTRATÉGIAS DE SEDUÇÃO 208

AI MEU DEUS 211

AS PUTAS DA MEMÓRIA 213

JÁ BROXOU? 215

DUPLO SENTIDO 218

GUARDE-ME EM SEU COLAR 220

MALDIÇÃO 222

CALCINHA 224

FIASCO NA CASA DA SOGRA 227

ETIQUETA DA CAVALARIA 230

VEJA SE VOCÊ É CIUMENTO 232

FALSO BRILHANTE 235

SOU TODO SAUDADE 237

QUE DIA É HOJE? 240

EU SOU VOCÊ 243

O LONGO CAMINHO DO CORAÇÃO FEMININO 247

• • •

Extras

ORIGEM DO MAL 250

TRADUZINDO A ALMA FEMININA 252

• • •

FABRÍCIO CARPINEJAR 255

SEXO e sexo

Sexo é tudo para o homem, na primeira colocação do ranking, seguido de futebol e carro. O quarto e o quinto lugares ainda estão vagos.

Sexo não é tudo para a mulher, situado no quinto lugar da lista, depois de casamento, amor, romance e paixão.

Sexo é envolvimento para o homem. É capaz de morar com uma mulher que faz sexo maravilhoso. Ele se apaixona pelo corpo para se apaixonar pela alma. Não desgrudará daquela que transa na primeira noite, as demais madrugadas são para confirmar que a estreia não foi uma alucinação. Admira quem é liberta de preconceitos, safada, exigente de posições fora do convencional. A possibilidade de experimentar uma vida extraordinária na cama arrebata sua confiança. O macho partilha de três fantasias: converter uma lésbica, tirar uma prostituta da profissão e casar com uma ninfomaníaca.

Para a mulher, envolvimento depende de forte retranca: segurar a primeira noite. Pode ter sexo na primeira manhã ou na primeira tarde. Mas primeira noite, não. Não pode aparentar facilidade, senão ele dispensará o esforço da conquista e não lhe dará valor.

Sua metodologia é retardar o grande momento até que ele se renda ao compromisso sério. Três dias de encontros sem nada é o ideal. Caso completar uma semana, é matrimônio na certa. Talvez até o candidato ficar alucinado de tesão a ponto de não diferenciar o que é real do que é imaginário. Existe um momento em que o parceiro, embriagado pelo próprio desejo, diz sim para qualquer pergunta. A fêmea acalenta três sonhos eróticos: que ele não ronque, não durma no sofá e não palite os dentes. Caso a trinca de modos aconteça, ela abrirá mão da fantasia com o dentista, o psiquiatra e o pediatra do filho.

O homem nunca reclama do casamento ao transar sete vezes por semana. Chia diante de uma média menor. A mulher reclama do marido se ele pensa em sexo o tempo todo.

O homem é o único mamífero que conta há quantos dias está sem transar. Pode perguntar agora ao seu parceiro: não duvido que não mencione as horas e os minutos. Ficar sem sexo é como uma prisão perpétua masculina. Uma contagem de confinamento. Logo depois que ele trepa, inicia de novo seu cronômetro. É um Sísifo dos travesseiros.

Mulher apenas contabiliza os dias de abstinência quando completa três meses. O trimestre é um sinal preocupante, a ameaça de seca. Falta de sexo é como gestação para a ala feminina, demora para ser vista.

* * *

Para o homem, o amor é prêmio de bom sexo. Para a mulher, o sexo é brinde de amor verdadeiro.

Os dois estão sempre certos.

NENHUMA MULHER SE ACHA BONITA

Toda mulher bonita não se acha bonita. Mesmo a mais bonita.
É alguma coisa que não agrada: a orelha, o pé, a mão. São detalhes imperceptíveis para a tripulação barbuda. Ou as veias estão muito saltadas, ou as unhas quebram rápido.
Uma coisinha que somente ela nota.
E ela sofre duas vezes: quando alguém descobre e quando ninguém enxerga.
A segunda opção é a mais triste. Caso o problema passe despercebido, partirá do princípio de que é tão insignificante que não merece a atenção dos outros.
Toda mulher se vê filha única do defeito. E não é um defeito, mas uma cisma. A maior parte dos defeitos é superstição.
Talvez o martírio feminino venha do excesso de controle: ela se olha demais, e tudo ganha o dobro de importância. O homem se olha de menos e nunca teve estrias nem celulite.
Para a mulher, espelho é lupa. Para o homem, espelho é janela.

Uma espinha, por exemplo, quando descoberta por uma mulher, torna-se o próprio rosto. O rosto não existe mais, somente a espinha, que é alisada a cada preocupação.

Mulher não se acha realmente bonita. Nem Brigitte Bardot antes. Nem Gisele Bündchen agora.

Mulher nenhuma no mundo é vaidosa; vaidade é a confirmação de um atributo, e ela desconhece suas qualidades.

Mulher nenhuma acredita que é bonita, apenas disfarça que é bonita.

O elogio que recebe soa como ironia. A ausência de elogio soa como reclamação.

Arrumar-se de manhã para a mulher não é um prazer, mas sim pânico.

No fundo, ela se considera um encalhe. Jura que qualquer novo amor é resultado de compaixão ou cegueira masculina.

Mulher não nasce bonita, torna-se provisoriamente bonita (em sua concepção, a beleza dura apenas um dia).

Ela se monta por 24 horas, mais do que isso não consegue· carrega o medo de se desmanchar com a luz e desiludir a expectativa do próximo.

Seus cuidados são vinganças: à infância, ao deboche da família, ao bullying na escola.

Dentro de si, ela continua uma nerd. Guardará para sempre a imagem de menina inteligente e problemática, de gorda balofa, de desengonçada e fora do time, de alta girafa, de sardenta enferrujada, de vesga fundo de garrafa.

Não adianta convencê-la de que ela é linda; ela se acorda despenteada e nasce de novo, como se não tivesse vivido antes.

Ai meu Deus, ai meu Jesus 15

Não é falsa modéstia, nem sequer é modéstia, ela se percebe feia. Toda mulher bonita acredita que, no máximo, pode se ajeitar.

Em seus olhos, corre uma insatisfação permanente que não permite descanso nem luto.

Se seus cabelos são lisos, ela gostaria que fossem cacheados; se são cacheados, gostaria que fossem ondulados; se são ondulados, gostaria que fossem crespos.

A beleza é uma conclusão. E toda mulher vive de dúvidas, toda mulher é uma pergunta. Uma insaciável pergunta.

DORMINDO SEMPRE JUNTOS, NA MESMA HORA

Quando sua companhia se levanta, rola para cheirar o travesseiro dela?

Você é apaixonado por dividir, desculpe informar. É constrangedor confessar a dependência, mas não resta alternativa. Nunca será mais sozinho. É uma simbiose amorosa por dentro das lembranças, dos hábitos, que surge no modo de repartir uma tangerina e pôr açúcar no café. Uma necessidade de primeiro servir para depois saciar as próprias ansiedades.

Entregou os pontos ao abandonar seu horário para dormir. Renunciou ao livre-arbítrio no momento de atender ao chamado sedutor de sua esposa.

— É tarde, te espero?

Aquela desistência foi fatal. Pode ter classificado o gesto como uma exceção, só que gostou de verdade, gostou imensamente de adormecer com sua mulher. Ambos apagando o abajur em igual instante, depois de ler, de rir, de brincar. Sincronizaram o relógio dos batimentos cardíacos e nunca houve mais atraso de beijo.

Amor eterno é quando um não consegue mais dormir sem o outro. Simples assim. Deseja descansar, e convoca sua mulher na sala.

— Vem, tá na hora!

E ela, que estava envolvida com um filme ou um programa de tevê, nem reclama, nem diz mais um minutinho, ajeita os ombros no cobertor do seu abraço e segue junto.

Lado a lado no espelho do banheiro, escovam os dentes, ajeitam o rosto, colocam roupas folgadas. Reina uma sincronia dos movimentos, uma disciplina na admiração. Alguns até confundem com tédio, porém é intimidade: não precisar falar para se entender. Se silêncio com ódio é submissão, silêncio com ternura é concordância.

Escoteiros do casamento, entram no mar branco dos lençóis cada um do seu lado: ela pela margem esquerda, ele pela margem direita. E centram os corpos para fazer conchinhas encostando as cabeças. Um casal apaixonado ocupa menos do que uma cama de solteiro: terminam agarrados, sobrepostos.

Você se dá conta de que não deita mais sozinho há décadas. É uma compulsão olfativa. Está no escritório trabalhando de madrugada, e ela abre a porta para convidá-lo:

— Vem, tá na hora!

E não estranha a ordem, obedece, sequer medita sobre o motivo da adesão. Vai, sem preguiça alguma, sem aviso de bocejo, ainda que não esteja com vontade, ainda que tenha uma porção de tarefas e problemas a resolver. Larga as urgências pela metade e se prontifica a acompanhá-la.

Casal quando se ama dorme na mesma hora. E não suportará morrer longe. O sonho é também morrer na mesma hora. Com as respirações próximas.

Q'BOA

Após infidelidade, Fernanda jogou as roupas de meu amigo Felipe pela janela do prédio. Apareceram todas espalhadas no jardim, na piscina, no telhado do estacionamento.

Aquilo não foi vingança. Ele nem se vestia bem — nunca deu valor para o próprio figurino, capaz de sair com um tênis laranja da Nike e outro azul da Adidas.

Felipe não mexeu o traseiro, não se desesperou para recolher suas coisas. Fez de conta que era uma chuva de mantimentos da ONU no bairro.

Não compreendo por que as mulheres insistem em rasgar nossas roupas ou despejá-las andares abaixo. Não há sentido na atitude. Elas é que sofreriam com isso, não a gente. Cometem a imprudência de nos castigar com dor alheia.

Felipe ficaria fulo e possesso se Fernanda queimasse seu álbum completo da Copa de 82. Seria imperdoável. As figurinhas vinham dentro dos chicletes, ele estragou os dentes, sacrificou bolas de gude no recreio, roubou moedas da bolsa da mãe para finalizar as imagens das seleções.

Homem não tolera perder a infância de novo. É mexer na sua infância que ele esperneia — pode ser na forma de uma coleção de selos, de camisetas de futebol, de bolachas de chope, de LPs. Não há um único macho no mundo que não guarde um acervo emocional. Quer matar seu marido de susto? Ponha fora sua nostalgia de guri.

Já a mulher teme agressões contra seu closet (homem não tem closet, mas guarda-volumes). O coração feminino é uma delegacia contendo abusos como desfiamentos, rasgões e puxões. A meia-calça é a vítima mais recorrente da força e falta de jeito dos parceiros.

Portanto, uma das represálias mais diabólicas consistiria em derramar partículas de Q'Boa nas calças, camisas e saias da esposa. Pequenas gotas de água sanitária, o suficiente para estragar um tecido pelo resto da vida e transformar qualquer Ocimar Versolato em lembrança de Fátima.

E, de modo nenhum, alardear a maldade. Executar o ato em silêncio, a sangue-frio, deixar que ela encontre uma por uma das máculas ao longo dos dias. Haverá gemidos de pânico quando alguém apontar a descoloração nas peças. No ranking de horror da mulher, a Q'Boa surge em segundo lugar, atrás apenas das baratas e seguida das traças.

Mas, sinceramente, eu não teria coragem. Não gostaria de ser um inseto esmagado por um salto 15.

MUITO IRRITANTE

Os homens são irritantes. Mas involuntários. Nem têm consciência de quando incomodam e como incomodam, e ainda se sentem vítimas de ciladas femininas.

É precisamente não saber o que fizemos de errado o que irrita as mulheres. E elas pensam que estamos fingindo.

Mas não, não sabemos mesmo. Não é encenação.

É que repetimos as mesmas falhas e não aprendemos, e elas não entendem como não assimilamos a lição na primeira ou segunda tentativa; daí concluem que simulamos bobeira para passar bem, que a dúvida é uma fachada sonsa, uma falsidade ingênua, acobertando um poço de maldade viva e faminta.

Acompanhe meu raciocínio: não há sentido em pedir desculpa por aquilo que não registramos. Somos esquecidos, apenas isso. Totalmente amnésicos.

As mulheres deveriam nos agradecer pelos lapsos de memória. Imagina se tivéssemos consciência de nossas irritações para irritar as mulheres ainda mais. Seríamos pais de Maquiavel, avós de Cardeal Mazarino, bisavôs de Barba Negra.

Olha só o que acontece comigo: apresso a minha mulher para sairmos, digo que ela depende de uma hora e apenas faltam quarenta minutos para o trabalho. Ela corre alucinada com o estojo de pintura, o secador, os cabides, eu permaneço lendo jornal. Ela atravessa os corredores com um monte de roupas, equilibrando o iogurte numa das mãos e a agenda noutra, eu permaneço lendo jornal. Vou gritando "Está pronta?" a cada mudança de editoria, como um cronômetro afetivo, para recordar-lhe que estou atento e demonstrar interesse. "Pronta?" a cada dez minutos, quatro vezes no total.

A voz chicoteia o tempo, o propósito é criar um delírio militar, afobado, estressante, para ajudá-la a se superar e merecer elogios ao final. Por evitar o atraso, o homem jura que receberá um emocionado agradecimento.

Quando ela se apronta, finalmente linda, maquiada, cabelos secos, cheirosa, após cumprir o impossível de quarenta minutos, exatos quarenta minutos!, fecho o jornal e aviso que vou tomar banho.

— Mas um banho rápido, tá? Para não nos atrasar?

Acelero minha esposa quando não estou vestido porque deduzo que sou rápido e ela lenta, sobrecarregada de miudezas e detalhes.

Cínthya bufa de raiva, bate o pé para não me enforcar com o próprio cinto de lantejoulas.

É que o homem sempre tem uma defesa mirabolante quando a vida pede uma resposta simples. Além de nossa esquisita mania de não acreditar no inconsciente.

Ai meu Deus, ai meu Jesus 23

O SOLUÇO

A paixão é descoberta, tudo no outro é novo e nos agrada. Vive-se uma tolerância exacerbada, perguntamos mais vezes, aceitamos o que é estranho, mergulhamos numa fase didática do corpo e da personalidade.

Não existe nenhuma solenidade para explicar, não nos enervamos, toda questão é pertinente, atravessamos madrugadas repetindo recordações.

O que odiamos não é tão grave assim para ser defendido. O que adoramos não é tão imutável assim para não ser contrariado. Atrasos são creditados ao engarrafamento. Ofensas são perdoadas com afagos no rosto. A separação é impossível, acreditamos até depois que se provou o contrário.

Quando conheci Cínthya, no segundo dia juntos, ela soluçou. Aquilo foi inacreditável. Parei em sua frente, incapaz de buscar um copo-d'água. Vidrado em seu soluço, admirado, embasbacado. O soluço era a gargalhada do medo, não podia permiti-lo escapar. Esperava um por um dos saltos de sua voz. Vontade de apanhar os sons pela casa como bolhas de sabão.

Seu soluço brilhava para mim. Já cronometrava o intervalo das ocorrências. Agia como um cientista, um sábio de soluços, sua boca caminhava sobrenatural pelos meus olhos, anotava as constelações dos traços e as estrelas das pintas, procurava a mínima casualidade para fundamentar a predestinação do nosso encontro e confirmar a suspeita de que éramos para a vida inteira.

Naquela época, multiplicávamos os milagres. Não tinha somente confiança nela, tinha fé.

Depois, quando veio o amor, parece que a relação extraviou o encanto. Tudo é conhecido e nos irrita. Surgem reclamações, a pressa, os incômodos dos hábitos em comum. Pertencemos a uma legião inumerável dentro do casamento dos saudosos da paixão, que não entendem o que aconteceu de errado.

Eu digo que não houve nada de errado. Não há nada de errado.

Não é que o outro deixou de dar, é que amamos mais. Não é que o outro está ausente e acomodado, é que exigimos mais. Ficamos insaciáveis, pois recebemos ternura de alguém como nunca antes.

O que indica desamor é nosso desejo infinito de completude.

As reivindicações aumentaram com a intimidade. O que antes era atenção hoje é rotina. Aguarda-se que o par conserve nossas características, necessidades e aspirações, que não se desligue um minuto, que não renuncie a gentileza sequer para ir ao banheiro.

Somos mais suscetíveis, frágeis. Temos mais a perder. Choramos com a mínima elevação do timbre numa conversa.

Ai meu Deus, ai meu Jesus 25

As expectativas estão dobradas, a carência triplicou, não admitimos qualquer coisa, queremos que nossa companhia contextualize a raiva, suporte o azedume, ajude no excesso de trabalho, ampare a educação dos filhos. Despejamos, numa única pessoa, a nossa raiva, a nossa esperança, a nossa ansiedade. Por enxergá-la sempre, é com ela que brigamos — não temos ninguém mais a recorrer.

Se a paixão é descoberta, o amor é invenção. Não abandone o futuro porque ele já é menor do que o passado.

INJUSTIÇA

Não confie na frase de sua avó, de sua mãe, de sua irmã de que um dia encontrará um homem que você merece. Não existe justiça no amor.

O amor não é censo, não é matemática, não é senso de medida, não é socialismo.

É o mais completo desequilíbrio. Ama-se logo quem a gente odiava, quem a gente provocava, de quem a gente debochava. Exatamente o nosso avesso, o nosso contrário, a nossa negação.

O amor não é democrático, não é optar e gostar, não é promoção, não é prêmio de bom comportamento.

O melhor para você é o pior. Aquele que você escolhe infelizmente não tem química, não dura nem uma hora. O pior para você é o melhor. Aquele de quem você quer distância é que se aproxima e não larga sua boca.

Amor é engolir de volta os conselhos dados às amigas.

É viver em crise: ou por não merecer a companhia, ou por não se merecer.

Amor é ironia. Largará tudo — profissão, cidade, família — e não será suficiente. Aceitará tudo — filhos problemáticos, horários quebrados, ex histérica — e não será suficiente.

Não se apaixonará pela pessoa ideal, mas por aquela de quem não conseguirá se separar. A convivência é apenas o fracasso da despedida. O beijo é apenas a incompetência do aceno.

Amar talvez seja surdez, um dos dois não foi embora, só isso; ele não ouviu o fora e ficou parado, besta, ouvindo seus olhos.

Amor é contravenção. Buscará um terrorista somente para você. Pedirá exclusividade, vida secreta, pacto de sangue, esconderijo no quarto. Apagará o mundo dele, terá inveja de suas velhas amizades, de suas novas amizades, cerceará o sujeito com perguntas, ameaçará o sujeito com gentilezas, reclamará por mais espaço quando ele já loteou o invisível.

Ninguém que ama percebe que exige demais; afirmará que ainda é pouco, afirmará que a cobrança é necessária. Deseja-se desculpa a qualquer momento, perdão a qualquer ruído.

Amar não tem igualdade, é populismo, é assistencialismo, é querer ser beneficiado acima de todos, é ser corrompido pela predileção, corroído pelo favoritismo. É não fazer outra coisa senão esperar algum mimo, algum abraço, algum sentido.

Amor não tem saída: reclama-se da rotina ou quando ele está diferente. É censura (Por que você falou aquilo?), é ditadura (Você não devia ter feito aquilo!). É discutir a noite inteira para corrigir uma palavra áspera, discutir metade da manhã até estacionar o silêncio.

Amor é uma injustiça, minha filha. Uma monstruosidade.

Você mentirá várias vezes que nunca o amará de novo e sempre amará, absolutamente porque não tem nenhum controle sobre o amor.

PESCARIA

Seduzir é a arte de sugerir mais do que de mostrar. Não é para mentir, como a maioria acredita, nem elogiar demais, como alguns pregam.

Exige uma série de cuidados. Repasso o que li na revista *Reader's Digest* de maio de 1951, matéria de Peter Risel, "Peixe grande ou pequeno: dicas para fisgar o macho perfeito". A tradução é por minha conta, vejo que os conselhos permanecem atuais, apesar da distância de seis décadas.

* * *

Seja sincero com os defeitos e esconda as virtudes. Ocultar os recalques é permitir que ela encontre um por um conversando com sua mãe. Antes prevenido do que mentiroso.

* * *

"Por favor" é proibido. Amor não é esmola. Retira a estima da mulher. Ela odeia caridade.

* * *

Não tente entender ou resumir a alma feminina, procure complicá-la. Confusão é inteligência. Mulher gosta de ser vista como um problema para depois ser promovida a uma crise, para depois avançar em teorema e terminar como enigma.

* * *

Confessar que foi corno mata a esperança da mulher de maltratá-lo. Ela nem se aproxima. Não gosta de pensar que teve uma antecessora mais cruel. Quer ter a certeza de que você poderá sofrer por ela como nunca antes.

* * *

O chato é involuntário: não sabe que incomoda. O importante é ter consciência da chatice para ser identificado positivamente como insistente.

* * *

O sedutor recebe fora a torto e a direito. A diferença é que ele não aceita. Permanece perguntando, rindo de si.

Não saia em bando nas baladas. Mulher quando enxerga homem em turma conclui com tristeza: estão encalhados. Observe o ranking:

RUIM — ACOMPANHADO DE TRÊS AMIGOS: revela imaturidade, não desgrudou do recreio da escola.

PÉSSIMO — ACOMPANHADO DE QUATRO AMIGOS: alguém que depende de gangue e da proteção do grupo.

Ai meu Deus, ai meu Jesus

HORRÍVEL — ACOMPANHADO DE CINCO AMIGOS: é máfia, ela fugirá de você com medo de estupro.

TRÁGICO — ACOMPANHADO DE SEIS AMIGOS: pode esquecer, é uma rave gay.

* * *

Pretende se dar bem na noite? Vá sozinho à festa. Arrume um lugar no canto do bar para cutucar o gelo no copo. A solidão acentua o valor do combate. Revela coragem, indica independência e conhecimento do front. Não precisa se mexer — todos terão que pedir bebida no balcão.

Nos clássicos do faroeste, o herói está solitário enfrentando o mal; já os bandidos surgem sempre em roda. John Wayne e Clint Eastwood confiam somente no cavalo, e ainda com reserva!

* * *

Justamente o inverso ocorre para a mulher: andando em turma irradia a certeza de que é resolvida, sociável e atraente.

* * *

Não peça desculpa, faça piada com seu erro. Exemplo: em vez de lamentar uma grosseria, diga:

— Sou tosco mesmo!

Preserve o orgulho, é fundamental não se banalizar. Intragável o sujeito que se desculpa por qualquer coisa.

* * *

Evite rir à toa, sem nenhum motivo. Gera a impressão de que você é louco.

Preste atenção na desigualdade social: ao responder com riso à pergunta feminina, o homem fica com a imagem de retardado; ao responder com riso à pergunta masculina, a mulher fica com a imagem de divertida e atenta.

Aconselhável rir após o riso dela. Como um complemento.

* * *

Não olhe os lados na hora de beijar. Se possível, beije, tenso, como uma despedida, segurando a mão dela. Para que ela guarde o comando: boca = algema, amor = prisão. Assim não terá como fugir de você.

* * *

Homem tem uma única missão na vida: incomodar a mulher. No início, ela dirá que você é irritante. No momento em que o chamar de insuportável, conquistou definitivamente o coração dela.

PASTELÃO

Eu falei que meu colesterol está alto, muito alto? 270! Agora terei que esperar três meses para um novo exame e finalmente escapar da vigilância secreta de minha mulher.

Por enquanto, sofro por antecipação. Aprendi que "prevenção" é somente antecipar o sofrimento. Sofre-se mais. Sofre-se antes de se ter feito qualquer coisa.

Vem funcionando. Fui beliscar uma torta de pera e já vejo as sobrancelhas arqueadas de Cínthya reprimindo a crosta de massa podre; e ela nem estava comigo naquele momento.

Repare que disse "beliscar". Descobrimos quem entrou em regime pelos eufemismos.

Fui quebrar o protocolo de Kyoto na Lancheria Café da Manhã, cansado de me negar delícias. Repeti minha infância: um pote de liquidificador cheio de suco de morango e pastel de carne tamanho folha almaço.

Fazia tanto tempo que não comia um pastel que exagerei na pressa e mordi sem ao menos testar a temperatura do recheio

— era a ânsia do apaixonado que não coordena os movimentos simultâneos da língua, dos dentes e dos lábios.

O vapor queimou minha bochecha direita. Um tufão quente clareou os pelos da barba.

Ganhei um letreiro de idiota no rosto, um vergão ridículo. Parecia marca de batom, não foram poucas as pessoas que buscaram limpar e me proteger da crise conjugal.

Ao voltar para casa, Cínthya não esperou que eu colocasse a pasta no chão:

— O que é isso?

— O quê?

Eu me fiz de desentendido porque lembrei que não poderia contar a verdade para ela. Para ela não. Para os outros, não havia problema, mas para ela, médica, que me cuida e que me ama, enfurecida com meu colesterol, não tinha jeito.

— Como não sabe? Parece uma mordaça...

— Hein?

— Um arranhão de mulher?

— Não, tá brincando, né?

Com objetivo de proteger uma pequena mentira o homem afunda numa tragédia. Não existe pequena mentira, toda mentira é uma omissão que depende de novos detalhes e vai corrompendo o arquivo rígido e contamina a memória desde o nascimento.

A mentira cresce a tal ponto que não existirá forma de recuperar o início. E deixará de fazer amizades para recrutar cúmplices e álibis.

A dificuldade de expor uma vergonha facilmente perdoável um pecado comum, nos faz amargar a condenação capital de

Ai meu Deus, ai meu Jesus 35

um crime. Os constrangimentos simples, não os grandes, sempre nos conduzem à pena de morte.

— É obra de uma vadia?

— Não, não...

— É herpes?

Quando ela mencionou herpes, percebi que o colesterol não é nada perto do ciúme, então gritei:

— Eu me queimei com um pastel. Foi um pastel, foi um pastel!

GELADEIRA DE SOLTEIRO

Lar de solteiro não significa que estará desarrumado, com pilha de louça para lavar e parte das lâmpadas queimadas. O que diferencia o apartamento de alguém que vive sozinho do espaço de casais e de agrupamentos familiares são os sachês da geladeira. Centenas de sachês de mostarda e catchup ocupando as fôrmas dos ovos.

É que nem a praga do requeijão: nunca percebemos o início da doença, são tantos potes misturados aos copos, que a cristaleira deveria ser renomeada de estande de frios.

O sachê é a multiplicação da miséria. Não há modo de enriquecer após sua passagem, levará qualquer um para a falência ou às barrinhas de cereais.

Ele não tem a humildade de um visitante. Já chega como um movimento armado, uma passeata, uma calcutá de sósias. Tanto que duvide de sachê desacompanhado, não existe isso, chame o batalhão de operações especiais, trata-se de uma bomba.

Em primeiro lugar, porque a quantidade de cada bisnaga é ridícula; é necessária uma dúzia para cobrir dois reles pedaços de pizza. Em segundo, não há como abrir a embalagem, a linha pontilhada é uma ironia. O biquinho fechado incita a truculência de um torturador — dependemos de várias opções para salvar a metade do conteúdo de uma. E não é prático, sempre nos lambuzaremos ou sujaremos a roupa.

Sachê é uma droga que vicia. Rapidamente o usuário se transforma em traficante. Surgem dentro dos pedidos de tele-entrega e espalham seus tentáculos de alumínio plastificado pela cozinha.

Para evitar a decadência, aconselho a jogar fora o que não foi usado no almoço e na janta. Nunca guarde. Ao preservar um exemplar, terá a infeliz iniciativa de economizar com os pacotinhos. Pensará que não precisa comprar alguns mantimentos, diminuirá a lista do mercado, e partirá para caçar saquinhos de azeite, vinagre e shoyu nos restaurantes.

Acabou a paz. Você não vai parar de colher envelopes das cestinhas das mesas. Os amigos irão se envergonhar de sua companhia. Você assumirá uma condição compulsiva, de colecionador histérico, com os bolsos forrados e as bolsas transbordando. Não terá mais vida social quando desfalcar o sal do cinema e o açúcar dos cafés, e não poupar sequer o adoçante.

Só o impacto de um casamento poderá salvar o sujeito. Só o amor para regenerar um cleptomaníaco de amostras grátis.

TÁTICAS INFALÍVEIS

Quando adolescente, conservava a etiqueta transparente da loja na roupa. O ganchinho entre o lado de dentro e o de fora da camisa.

O alfinete de plástico permanecia na gola. Tratava-se de uma isca.

Nenhuma mulher aguentava enxergar aquilo. Elas me paravam sucessivamente e faziam a gentileza de remover o lacre.

* * *

O golpe tinha 100% de aproveitamento. Mais letal do que uma gola desajeitada, que podia ser estilo. Ou que uma braguilha aberta, que podia ser atentado violento ao pudor.

As vítimas nem pediam licença, avançavam com as unhas sobre meu pescoço. Eu reagia com orfandade:

— Ai, obrigado, não havia ninguém para me avisar.

O lado maternal do mulherio acelerava com a ingenuidade distraída. Elas corrigiam o lapso, puxavam conversa e, no fim, pretendiam me adotar.

A sedução cresce nos detalhes. Assim como sobram táticas masculinas, há um truque feminino que nenhum homem jamais revidou.

Quando a mulher confessa que é frígida.

É uma ária de sereia. A milícia cai em peso, indiferente ao seu estado civil e time de futebol.

Ao replicar com "Mesmo?", o cara mordeu a senha e será devorado no fundo do Rio Guaíba. Eu já fui ludibriado quatro vezes na juventude. Por mais que repetisse a experiência, não reconheci a arapuca.

A frase mexe com a vaidade do varão, com o ego de gladiador. Desperta o sonho primitivo de ser o Messias das fronhas, o salvador dos lençóis.

Quando escuta que ela nunca gozou, todo rapaz se enche de autoridade, já imagina o milagre: ela, atenta às instruções; ele, mandando, na cabeceira da cama:

— Deita e goza!

É melhor do que ser o primeiro na cama; é tirar a virgindade do prazer. O homem sente-se o rufião dos gemidos, o encanador do internato, o jardineiro do convento. Não há como explicar o baque da declaração na alma viril.

A relação que era comercial ou residencial assume a condição de patrimônio histórico da Unesco. A namorada recebe regalias de gravidez. Neste caso, o cara tomba sua vida. É capaz de solicitar férias no trabalho para se dedicar ao assunto, para ajudá-la no firme propósito de mapear o ponto G. Não existirá nada tão importante quanto treinar posições e mostrar serviço.

* * *

Nem é sexo, porém filantropia sexual.

* * *

O prazer mais verdadeiro — às vezes — vem de uma mentira.

NÃO EXISTE PACIÊNCIA

Pode confiar na mulher que nunca joga fora o xampu quando termina. Porque nunca acha que termina.
São vários potes no box do banheiro. Uma milícia de cheiros. A maior parte com um resto luminoso. Alguns virados para facilitar a saída desesperada da fragrância.

* * *

Um homem, diante daquela lágrima de cisne, não teria piedade e colocaria no lixo.
Não sem razão. É uma sobra simbólica que apenas se mexeria colocando água. Uma massa imóvel, que mal treme. O conteúdo não presta nem para dois enxágues. Para chorar um pouco no pulso, depende de tapas na bunda do pote. Todo xampu velho é um bebê nascendo.

* * *

Mas ela não descarta. Pensa que aquilo que não perfuma seus cabelos é ainda capaz de perfumar suas mãos.

 CARPINEJAR

Permanece com a esperança de que um dia terá uma emergência e ele será útil. Para seus olhos, nada está inteiramente morto, nada está inteiramente esgotado.

Contribuem para sua crença as brincadeiras de faz de conta na infância, a sopa de folhas e o refrigerante de terra. Não depende de muito para seguir vivendo, pede um mínimo de realidade; acostumada a sempre completar por sua conta.

* * *

Não existe paciência, somente fé. Mais da metade de um marido bom é imaginação feminina.

* * *

A mulher que não joga o xampu fora não jogará nenhum homem fora. A menos que ele esteja seco por dentro, acabado, sem nenhuma emoção para oferecer, consumido pelo silêncio da esponja. Ela eliminará o sujeito de sua vida após várias tentativas, até se convencer de que ele não rende nem mais espuma. Nem mais passado.

* * *

O que me leva a concluir que quem pensa demais não faz, não se arrisca, não se entrega. O pré-requisito é criado para impedir que mudanças aconteçam.

É necessário ser imaturo para amar. É necessário ser imaturo para engravidar. É necessário ser imaturo para juntar as tralhas e pertences, construir uma casa em comum, e seguir ameaçado pelo humor do próximo.

Ai meu Deus, ai meu Jesus 43

Merece o amor quem trabalha por ele, quem sofre por ele, quem não quis ser mais inteligente do que sensível, quem é absolutamente idiota para sacudir um pote de xampu já findo.

O QUASE É TÃO CHEIO DE TUDO

Aquele que não foi amado é o que mais ama.
É o menino que nunca beijou, distraído nos pelos loiros do pescoço da colega.

É a menina que tem uma única dúvida: até quando devo estender a língua em outra boca? Sem pais, sem professores, sem amigos para perguntar uma coisa dessas.

É o jovem de topete, fingindo que não é virgem no recreio, mas que ainda dorme com o travesseiro entre as pernas.

É a jovem ruiva que se excita andando de bicicleta e engolindo vento.

É o velho na janela que somente conheceu putas.

É a velha vizinha dele que gostaria de ter sido puta.

Os tímidos, os feios, os recalcados, os lindos, os arredios, os brabos; fico pensando em quem silencia suas vontades para não incomodar e têm o silêncio cheio de tremores.

Aquele que ama sem ser amado é o que mais ama.

É a secretária louca pelo seu chefe e que passará a vida anotando recados da esposa dele (há o que confessa a verdade pelo ciúme, e o que guarda toda a verdade na inveja).

É o adolescente que reza para o ônibus encher e assim poder esbarrar na moça de colar de pérola (há o que consegue puxar conversa, há o que espera ser empurrado).

É o professor que teve uma única namorada e desvia o olhar dos casais se abraçando nas praças (há o que levanta a cabeça com orgulho, há o que baixa de tanto que deseja).

É a faxineira que cuida do vestido da patroa, prende no cabide e não se aguenta: coloca a peça sobre os seios rapidamente temendo que alguém entre (há o que exibe seu corpo, há o que se encolhe para receber outro corpo).

É a casada que anseia jantar uma noite fora para usar de novo o par de brincos do casamento. É o homem que não faz a barba para esconder as acnes e as marcas da adolescência.

Ai, como dói quem espera amar. Quem dedica uma vida à disciplina da paciência, torcendo para o sexo melhorar o casamento, torcendo para o casamento melhorar o sexo, torcendo para que o marido não fique bêbado ao menos uma vez, torcendo para que a esposa não reclame ao menos uma vez, dormindo e esquecendo a tristeza, acordando e repondo a esperança, aqueles que resistem e talvez envelheçam sem completar seus sonhos, que respeitam as pequenas alegrias porque podem ser as únicas, que não decidiram se diminuem a expectativa para sair da solidão ou aumentam as exigências para justificá-la.

Como eu amo quem se importa em amar, apesar de tudo. Apesar de tudo.

DEITANDO O PORTA-RETRATOS

Depois da separação, um envelhece, o outro rejuvenesce. Não têm mais nada em comum. Divergem de reações. Um resta deprimido e o outro se exibe bem-humorado. Um quer morrer; o outro, renascer. Um estará demolido; o outro, refeito. Um demonstra retornar de um campo de trabalho forçado; o outro, de um spa.

Nenhum dos dois piora ou melhora junto.

* * *

Lembro de Ronaldo e Élida.

Ronaldo virou avô de si. Esqueceu o banho, engordou, envelheceu dez anos em duas semanas de solidão, criou rugas, largou o futebol e nossos encontros de pôquer e uísque. Sua casa parecia invadida por um mendigo.

A louça empilhada na pia, a cama desarrumada, a pilha suja da lavanderia, a comida vencida: encarnava um estado de abandono e de geriatria prematura.

Dormia de botas e cinto — desdenhava dos pijamas e dos tecidos cheirosos e alinhados. Atendia o desejo infinito de se castigar.

Não aceitava o fim do relacionamento. Continuava brigando internamente, ralhando, pensando em voz alta porque se achava incapaz de pensar em silêncio. Ofendia seu amor a cada suspiro. Um suspiro com cuspe, falado, exorcista.

Não conseguia parar de discutir, ainda que sozinho. Sofria de uma curiosidade insaciável, decidido a descobrir até onde se aguentaria. Com a desistência do par, agora se testava, examinava sua repulsa.

Não se via responsável pelo rompimento, bancava a vítima, o incompreendido, aquele que não contou com segunda chance e tempo para se explicar.

* * *

Do casal que se separa, um vai decair e o outro se levantar. É assim. Nenhum dos dois desfruta do mesmo estado afirmativo de espírito.

* * *

Diferente de Ronaldo, Élida virou filha de si. Emagreceu, cortou os cabelos, comprou um guarda-roupa novo, começou a se reunir com as amigas no final do expediente e frequentar baladas. Seu apartamento recém-adquirido parecia ala impoluta de loja de móveis. Tudo no lugar, luzindo.

Seu desempenho no trabalho melhorou. A cada momento, despertava a inveja dos colegas e tinha que responder sobre a repentina mudança de comportamento.

Ninguém lhe dava mais de 35 anos (ela ultrapassava os 45). Ninguém cogitava seu divórcio. Os amigos custavam a acreditar na perda recente. Ela não apresentava olheiras, não fungava ao mexer nas gavetas, seu rosto enfrentava o vento do inverno sem lacrimejar.

* * *

Sempre com a separação, um fica bem, o outro fica mal.

Mas cuidado ao tomar partido. O que mais sofre é aquele que melhora. Tenta chamar a atenção do ex pela alegria, obcecado em provar o que ele perdeu de viver dentro do casamento.

TEMPO É TERNURA

Viver tem sido adiantar o serviço do dia seguinte. No domingo, já estamos na segunda, na terça já estamos na quarta e sempre um dia a mais do dia que deveríamos viver. Pelo excesso de antecedência, vamos morrer um mês antes.

Está na hora de encarar a folha branca da agenda e não escrever. O costume é marcar o compromisso e depois adiar, que não deixa de ser uma maneira de ainda cumpri-lo.

Tempo é ternura.

Perder tempo é a maior demonstração de afeto. A maior gentileza. Sair daquele aproveitamento máximo de tarefas. Ler um livro para o filho pequeno dormir. Arrumar as gavetas da escrivaninha de sua mulher quando poderia estar fazendo suas coisas. Consertar os aparelhos da cozinha, trocar as pilhas do controle remoto. Preparar um assado de quarenta minutos. Usar pratos desnecessários, não economizar esforço, não simplificar, não poupar trabalho, desperdiçar simpatia.

Levar uma manhã para alinhar os quadros, uma tarde para passar um paninho nas capas dos livros e lembrar as obras que você ainda não leu. Experimentar roupas antigas e não colocar nenhuma fora. Produzir sentido da absoluta falta de lógica.

Tempo é ternura.

O tempo sempre foi algoz dos relacionamentos. Convencionou-se explicar que a paixão é biológica, dura apenas dois anos e o resto da convivência é comodismo.

Não é verdade, amor não é intensidade que se extravia na duração.

Somente descobriremos a intensidade se permitirmos durar. Se existe disponibilidade para errar e repetir. Quem repete o erro logo se apaixonará pelo defeito mais do que pelo acerto e buscará acertar o erro mais do que confirmar o acerto. Pois errar duas vezes é talento, acertar uma vez é sorte.

Acima da obsessão de controlar a rotina e os próximos passos, improvisar para permanecer ao lado da esposa. Interromper o que precisamos para despertar novas necessidades.

Intensidade é paciência, é capricho, é não abandonar algo porque não funcionou. É começar a cuidar justamente porque não funcionou.

Casais há mais de três décadas juntos perderam tempo. Criaram mais chances do que os demais. Superaram preconceitos. Perdoaram medos. Dobraram o orgulho ao longo das brigas. Dormiram antes de tomar uma decisão.

Cederam o que tinham de mais precioso: a chance de outras vidas. Dar uma vida a alguém será sempre maior do que qualquer vida imaginada.

Ai meu Deus, ai meu Jesus 51

FALHA DE CONEXÃO

Todo mundo que começa a namorar não sabe ao certo que namora.

O início é confuso, entremeado de hesitações e receios e pudores e reservas e uma fileira de sinônimos sofisticados para medo.

Puro medo.

O casal demora a oficializar aquilo que já é público. Não quer melindrar sua companhia, muito menos oferecer motivos para receber um fora adiantado.

Eles se preservam do convívio para não caírem em tentação, recusam bares e festas para conservar o segredo. Estão loucos para contar aos amigos, mas temem que a fofoca estrague a notícia. Há a crença de que alegria espalhada se transforma em inveja.

Eu não sofro mais desse mal. Detectei a encruzilhada, o exato momento em que o namoro vira à esquerda e não tem mais volta.

É quando um dos dois telefona para não conversar. Para não dizer nada, coisa com coisa.

Suportar o laconismo amoroso é uma das torturas mais angustiantes da existência.

Acompanhe meu raciocínio.

No meio do serviço, ela liga. Por ansiedade, você atende ao primeiro toque. Espera que ela fale oi. Mas não. Ela espaça a voz como se fosse uma amante, uma sequestradora, alguém que não protegeu as teclas e acessou seu número por engano. Dá para escovar os dentes até surgir um tremido par de vogais.

Ela não lhe procurou em função de alguma novidade, para dar um recado, testar a temperatura ou planejar um encontro. Suspenda a objetividade, o mundo físico, a matemática, as operações de trigonometria.

Sua futura namorada ligou para suspirar. Compreenda que ela ligou para que você testemunhe o que ela está sentindo, como uma criança que coloca o fone em direção ao mar e jura que os pais alcançam o barulho das ondas.

Ahhhhh é o som fundador de um papo que não vai acontecer. O telefonema corresponde à sonoplastia da saudade. Prepare-se para variações de um mesmo tema.

— Como você está?

— Meio estranho...

— Eu também...

— Mas é um estranho bom.

— Um estranho feliz.

Um repete o outro, num misto de fragilidade e receio. É um diálogo que medita sobre o vazio. Durante trechos inteiros, nenhum fala. Uma conversa exemplar e inédita em que os dois somente escutam. Uma troca de respiros, jogo de vento, intercâmbio de palpitações.

Ai meu Deus, ai meu Jesus 53

Assim como ela discou sem motivo, o pior vem agora, não há como desligar sem ofender. Depois de quinze minutos de ausência absoluta de som, chega a hora de seguir a vida.

— Você desliga, eu não consigo.
— Não, você desliga, eu não consigo.
— Não, você!
— Você!
— Você!

O amor é uma grande coragem cheia de pequenas covardias.

LEI SECA

O inimigo público do homem é o barman gostosão. Foi ele que nos conduziu a uma crise de identidade sem precedentes, ao término do maniqueísmo e da Guerra Fria.

Do barman, veio o metrossexual, o pansexual e Patrick Swayze. Não duvido que os emos sejam ramificações de sua índole.

O barman destruiu a luta entre o bem e o mal, tirou o homem do mundo e o colocou em casa para defender seu território doméstico. Ou ele voltava rápido ao lar, cozinhava, passava aspirador e cuidava dos filhos, ou perdia sua mulher para sempre.

O barman é o monstro pornográfico, o vilão erótico, destruiu nosso conforto maternal de comida e roupa lavada. Não tem como concorrer com ele: atende ao mínimo sinal, dança, rebola, canta e prepara poções melosas batizadas de filmes românticos. Uma mistura demoníaca de stripper, personal trainer, karaokê e liquidificador, tudo de que uma mulher sente falta em seu marido.

Quando ele surgiu, seminu e sarado, atrás dos balcões nos bares e boates, morreu o heterossexual como meu pai e meu avô conheciam.

O escandaloso e convencido barman suplantou o discreto e humilde garçom.

Morreu a gravata-borboleta para ceder espaço à bandana. Morreu o dente de ouro do maître para abrir lugar a aparelhos e piercings. Morreram os pelos dos ouvidos dos cinquentões para o reinado dos peitos depilados dos rapazes. Morreu o destilado caubói para um edifício de drinques coloridos e duvidosos. Morreu a simplicidade da bandeja pela agitação da coqueteleira. Morreu a imobilidade generosa do funcionário pelo show de malabarismo, acrobacia e mágica. Morreu a elegância do dedo levantado em nome do assobio histérico.

O garçom exemplificava lealdade: padre que guardava nossos pecados e limpava a mesa. Fácil de acreditar, chorar dor de corno, pedir emprestado o ossinho do ombro. Nossa felicidade terapêutica consistia em oferecer gorjeta e derramar um pouco de bebida ao santo.

Já não conheço nenhum amigo que confie no barman. Sofre-se o medo de que ele se aproveite da fragilidade das confissões e seduza a esposa.

O barman é um infiltrado na barbearia; deveria aparecer longe de nossos olhos, somente no chá de panela.

Em sua companhia, não há como vacilar um minuto, somos obrigados a buscar bebida, porque as mulheres criam motivos para se aproximar dele. É um risco, uma temeridade: jovens lindos, cheirosos, disponíveis e traficando secretamente o número de seus celulares nas comandas.

 CARPINEJAR

O barman é o fim do faroeste, da porta-balcão, do cavalo amarrado no obelisco.

Não consigo imaginar John Wayne sendo servido por um barman.

Sentimos saudades do velho garçom.

Todo garçom tinha a obrigação de ser mais feio do que a gente. Uma tranquilidade que não volta mais.

O que nos resta é beber para esquecer. Dentro de casa.

O QUE É FUNDAMENTAL NO CASAMENTO

O que redime um casamento não é massagem tântrica, a abertura dos chacras, a dança do ventre, a ioga, aprender passos de salão, curso de sensualidade.

Louvo todas as iniciativas de compreensão mútua e desenvolvimento emocional.

Mas o que é fundamental num relacionamento é saber coçar as costas do outro.

Casal do mal espreme as espinhas de sua companhia. Casal do bem coça as costas.

É uma arte milenar egípcia. Dizem que é invenção do conselheiro do faraó Tutancâmon, Adel Emam Alef, o mesmo criador da pizza. Ao sovar a massa, encontrou a punção ideal.

Coçar as costas depende da exatidão do movimento. Muitos maridos, muitas esposas, desistem de pedir após a terceira tentativa e se recolhem à frustração sexual.

A inabilidade em esfregar o parceiro representa hoje a maior causa do divórcio no país. Superou os tradicionais motivos de desquite como palitar os dentes e ausência de cerveja na geladeira.

Devia constar como item indispensável no curso de noivos. O carinho primitivo libera serotonina e os peptídeos opioides beta-endorfina, meta-encefalina e dinorfina, combatendo depressão e estados de ansiedade.

As unhas não podem estar muito compridas, muito menos sujas. Não vale arranhar, sangrar ou esfoliar a pele. A compressão dos dedos terá o peso de uma esponja, e dura até quatro minutos (acima disso, entra no terreno da bolinação).

A posição ideal do beneficiado é de pé, com a cabeça lançada para frente, naquela inclinação para receber cascudo.

Cuidado com a vontade. Já vi gente coçar, não conter o entusiasmo e ser presa por agressão. Porque coçar é delicioso e insaciável; o coçador tem um prazer semelhante ao do coçado. Facilmente a coçadinha inocente desemboca em chagas de São Francisco de Assis.

O ato se caracteriza pela fricção sensual, de baixo para cima. É descobrir a zona de irritação e não mais levantar a mão. Como um desenho sem largar o lápis.

A cura do desconforto virá com a constância, com a dedicação exclusiva do gesto. Não é permitido coçar e assistir televisão, coçar e ler um livro, coçar e olhar para o lado. Duas ações ao mesmo tempo quebram o ritmo e diminuem a qualidade do serviço.

Coceira em grego significa "cuide de seu amor". Não vale se distrair. Mergulha-se numa meditação dos dedos, na contemplação messiânica das unhas.

A invasão será superficial, indolor, intermediária entre a picada de mosquito e a pontada de acupuntura. Mas o alívio equivale a um início de orgasmo.

Ai meu Deus, ai meu Jesus

Coçar as costas é um socorro amoroso de grande utilidade. Importante estar perto sempre.

Tragédia é quando sua mulher sente a tremedeira nas vértebras e não dispõe de sua companhia.

ATRÁS DO BALCÃO

O privilégio irrita. É esperar numa fila e um barbado que acabou de surgir ser chamado antes. Nossa paciência não é recompensada pela igualdade. Não há problema nenhum em reconhecer o trabalho e a importância de alguém, desde que eu não seja envolvido como moeda no pagamento.

* * *

Mas o que mais irrita de verdade é perder o direito a ponto de o direito do outro parecer um privilégio.

Rubem Braga foi pedir um ovo numa lanchonete paulista, o olhar armado com os talheres das sobrancelhas:

— Ovos fritos, por favor?

— Não, não temos ovo — o atendente respondeu para servir o sujeito ao lado com farta porção de omelete.

* * *

A humilhação é maior do que a raiva e retira as palavras — talvez seja uma raiva fria e demore a ser engolida. O cronista não teve reação, não brigou, não revidou, guardou suas sobrancelhas no guardanapo do rosto e tomou as dores da rua.

* * *

É um pouco assim no amor. Ou muito assim. O marido recusa ovos estrelados para esposa enquanto prepara omeletes para as demais freguesas.

* * *

É terrível para uma mulher testemunhar seu companheiro feliz com os amigos do futebol, disposto e incansável para missões profissionais no final de semana; e totalmente ausente em casa. Não de presença, mas de espírito. E um espírito analfabeto que sequer escreve cartas do além.

* * *

É ele pisar no capacho que fecha o rosto, é ele entrar na sala que resmunga. Não aceita carinhos, conversas, delongas. Sucumbe à mecânica da rotina: tomar banho, jantar, assistir à televisão e dormir. Quase como um recruta em serviço militar, adotando uma série de tarefas físicas para não pensar.

Já porta afora saca gracinhas com as balconistas, diverte-se com o porteiro do prédio, ri sem parar ao telefone.

* * *

A esposa conclui que vem sendo um monstro, responsável pela desgraça familiar. As mulheres sempre assumiram a culpa — os homens sempre recorreram ao ódio.

* * *

Ela se ressente de não agradá-lo como no início. Vai ao terapeuta, inscreve-se em ginástica sexual, frequenta ioga, ocupa o dia inteiro criando alternativas para salvar o relacionamento.

* * *

Não há ninguém para avisá-la de que não deve sofrer pelos dois, seu marido é que deixa o melhor para o mundo e o pior para ela.

* * *

O amor não é um privilégio, é um direito.

* * *

Se não entendeu, por precaução, é bom lembrar ao marido que faltam ovos em casa.

ANTES DAS FOTOGRAFIAS

Sofri com a separação dos pais. Carregava a sensação de que tinha sido difícil, percebo agora que foi um desastre. Ao mexer no baú da família para catar flagrantes da infância, encontrei o álbum de casamento dos dois. Capa dura, nomes dos noivos em relevo dourado, livro grosso para eternidade mesmo, resistente às traças e porões.

Fiquei intrigado no momento de folheá-lo. Tive que sentar e interromper a pressa.

Voltei no tempo. No papel vegetal entre as páginas, havia desenhado o contorno das fotografias. Copiei à mão cada imagem, colorindo depois. São mais de 50 folhas transparentes preenchidas, duplicando pai e mãe no altar, reproduzindo convidados e bastidores da festa.

Na época (mentalidade de criança ferida), fiz uma cópia reserva das cenas. Raciocinei que os dois não seriam mais amigos, jogariam duas décadas de casados no lixo e providenciei um backup primitivo com o lápis Faber Castell HB2. Ansiei preservar a história usando as armas do estojo de 1ª série. Aproveitei meu conhecimento de copista do Pernalonga.

Lembro que não dei mole na separação: briguei com os irmãos, esperneei no sofá, chantageei no carro, planejei greve de fome, renunciei futebol, peguei recuperação, chorei no mercado, passei recreio no SOE, ia de um lado para outro da sala ao quarto para diminuir a distância das palavras. Olha, coitados de Carlos Nejar e Maria Carpi, criei um inferno para reconciliá-los, demorei a constatar que o paraíso deles também não era o meu.

Diante do flashback, eu me pus a comparar o que fui com o que sou. Todos, quando pequenos, sofrem com o divórcio dos pais, indicativo de trauma, término da idealização e receio de parar num orfanato. E todos, quando maduros, consideram a separação necessária e natural.

É impressionante o quanto nos esforçamos para manter os pais juntos e não realizamos quase nada pelo nosso casamento na vida adulta.

E se lutássemos para entender nossa esposa como defendemos nossa mãe? Se realizássemos metade da birra feita com o pai durante a despedida de nossa mulher? Se trocássemos o orgulho da cobrança pela cumplicidade emocionada do erro? Se desejássemos falar menos e ouvir a voz dela mais um pouco?

Se fôssemos meninos para sempre, nenhuma separação seria fácil. O amor não morreria fácil. O papel vegetal protegeria as fotos.

Ai meu Deus, ai meu Jesus

NÃO RECLAME DO HOMEM RONCANDO

A esposa reclamava do meu ronco. Dizia que desrespeitava a lei de silêncio do prédio. Ainda mais quando estava absolutamente cansado, naquele estado vegetativo de quem não dorme, porém desmaia.

Capotava de barriga para cima, as pernas esparramadas pela cama inteira.

Ao fechar os olhos, abria a matraca. Não respirava, mas uivava. Meu inconsciente brincava de língua de sogra. Sorte que adormecia fundo, o necessário para não ouvir minha respiração galopante. Ruim é ter sono leve e ser acordado pelo próprio barulho cavernoso.

Reservava toda a audição da sinfonia para Cínthya. Minha mulher odiava a cortesia e recorria a métodos diversos para me calar.

Inicialmente, ela me ajeitava e massageava o rosto com carinhos. Como não desligava a britadeira, a ternura logo desandou em tortura. Optou pelas ações drásticas: sacudia os braços, comprimia o queixo, apertava o nariz. Em seguida, comprou tapador de ouvidos, touca térmica, fita isolante de sequestrador.

Exausta das tentativas inúteis, veio protestar de manhã:

— Não consigo dormir. Para piorar, seu ronco é ida e volta, lança o ar e engole de novo.

Ensaiei resistência, só que me envergonhei do defeito e fui procurar ajuda. Eu me internei durante três dias no campanário do mosteiro de Três Coroas, conversei por Skype com Dalai Lama, parei de fumar, iniciei ioga, retornei à natação.

Depois de dois meses, não regurgitava mais com o nariz, surdina enfim consertada. Livrei-me do escapamento e das ameaças. Já era um travesseiro de penas de ganso, macio e confiável.

Mas Cínthya continuou a me cutucar de madrugada.

— Ei, ei, ei?

— Que foi amor?

— Tô com insônia, sinto falta de seu ronco, fico com medo de que tenha morrido ao meu lado.

Por obrigação matrimonial, voltei a roncar. Não sou cemitério para descansar em paz. E faço defesa do criativo chiado musical, cheio de tambores e trovões.

Um homem roncando é sinal de saúde. Todos em casa sabem que ele está vivo. Um homem roncando traz segurança ao lar. É ter um cão dentro do quarto. Ninguém assaltará sua casa. Você não necessitará pagar alarme ou serviço de vigilância.

Um homem roncando serve como crucifixo. Afasta vampiros, bruxaria, mau-olhado, demônios e fantasmas.

Um homem roncando revela satisfação sexual. O ronco é o casamento escondido da risada com o gemido.

Por favor, não seja precipitada, não critique mais seu marido, antes que você se torne sonâmbula da saudade.

Homem é como chimarrão: se não roncar, é falta de respeito.

Ai meu Deus, ai meu Jesus

IRRESISTÍVEL

Três cenas enlouquecem os homens.
1ª A calcinha nos tornozelos.
2ª A alça do sutiã deslizando pelos ombros.
3ª O turbante na cabeça na saída do banho.

Formam a Santíssima Trindade de um relacionamento. Pode vir depois TPM, DR, sogra, que a gente aguenta. São paisagens domésticas, lindas, que indicam o quanto nos aproximamos do universo feminino. Se atingirmos a trinca com uma mesma mulher, nossos olhos estarão grávidos e casaremos. Aceitaremos casar.

A primeira cena sempre foi um fetiche dos amantes, momento derradeiro do sim. Tristes dos casais que não se tiram a roupa, tristes dos casais que se despem sozinhos e chegam prontos ao ato. Sexo promissor é sempre strip poker, combinando desafio, provocação e malícia. Você tira a blusa dela, ela tira sua camisa, você tira a saia dela, ela tira sua calça. Já começam a relação se ajudando — um indício de cuidado e amor no futuro.

Quando uma mulher deixa você abaixar a calcinha, demonstra então um absoluto voto de confiança. O melhor é quando a peça fica presa nos joelhos e ela levanta um pé de cada vez, como quem pula corda, para se desembaraçar por completo das vestes. Não há como resistir, trata-se de uma dança que culminará em longo abraço.

A segunda cena é sutil e não menos agradável. É coisa de café da manhã. Ela está com uma roupa leve, camisetão branco, quase uma bata. Muito diferente da produção da noite passada. Você não sabe mais escolher como gosta dela, gosta de tudo que é jeito, talvez você tenha perdido a censura e o rigor, talvez ela tenha superado as expectativas. Na atmosfera matinal, existe um misto de vergonha e ansiedade. Será que ela está feliz ou é apenas educada? Descobriu que não há como pensar e sonhar ao mesmo tempo; e desiste de pensar.

A deusa pega iogurte e sucrilhos. Você não é mais humano, mas uma câmera registrando os mínimos movimentos. Clique-cliqueclique. Na hora de sentar, o sutiã desliza e o ombro dela brilha. Como a Pedra de Guarujá, como a Pedra do Arpoador. O caimento da alça gera uma surpreendente declaração de fidelidade masculina. Assim como ela arrumaria sua gola torta, você cai na cilada e levanta a alça. Ela percebe que nada mais escapa de seu olhar. Você se importa muito com ela. Você é, agora, ela.

A última cena é a mais sublime. Ela não tem vergonha de sua avaliação, acostumou-se com sua companhia, permite que assista aos bastidores do espelho. Sua paixão sai do banho com uma toalha presa nos seios e uma enrolada nos cabelos recém-lavados. Cheirosa como nunca.

Apesar de abobado pela intimidade, preste atenção na perfeição do nó da toalha da cabeça. É o cadarço que nenhum marmanjo aprendeu a amarrar, que nenhum escoteiro decorou, é o que fará uma mulher prender você a vida inteira.

POR QUE AMO MINHA MULHER?

Não é nenhum grande ato que desperta o amor, não é um heroísmo, uma atitude exemplar, um feito impressionante.

O que faz um homem amar uma mulher e uma mulher amar um homem é tão pessoal que é possível passar uma vida inteira sem desvendar o motivo. Não é necessário ter consciência para ser feliz. Não é fundamental entender para amar. Mas é mais bonito.

Fico me perguntando o que inspirou minha confiança na Cínthya. Qual foi a delicadeza que ela cometeu a ponto de me viciar no convívio? O que realizou no começo do relacionamento que mexeu comigo e não quis mais abandoná-la?

O que ela aprontou de errado que deu tão certo? O que me pôs a repeti-la um dia atrás do outro sem cansar? O que me seduziu de tal forma que entrei uma vez em sua casa com uma mochila e voltei com uma mala?

Talvez tenha sido sua simplicidade. Eu me impressiono com o que é espontâneo. Não havia quadros em suas paredes, nem estantes. A única coisa que estava de pé era o violão. Aquilo me emocionou: a música de sentinela. Ela brincou:

— O violão é meu confidente, meu melhor amigo.

Inventei de dedilhar as cordas para descobrir logo seus segredos, só que desafinei e ri envergonhado. Não estava maduro para o mistério, não merecia ainda suas lembranças, dependia de mais cumplicidade.

Mas não foi isso, ou somente isso; sempre tem algo que se soma.

Acho que ela travou meu olhar na hora em que passeávamos de carro pela orla do Guaíba. Estreava na rádio a canção "Janta", de Marcelo Camelo e Mallu Magalhães.

"Eu ando em frente por sentir vontade..."

Cínthya cantava sem conhecer a letra. Aprendia a letra enquanto cantava. Longe do medo da gafe. Em voz alta, errando, tropeçando, gravando o refrão. Completava os trechos que não entendia com melodia e dirigia as rimas até o fim. Descobri que ela tinha coragem. Não iria temer um desafio. Mesmo que fosse complicado como eu.

Pensando bem, me rendi no café da manhã. Quando ela me ofereceu um saco de bolachas doces do bairro da Liberdade. Eu peguei as redondas, perfeitas, para explodi-las com exclusividade em meus dentes.

Ela não; ciscou os farelos. Optou pelas bolachas partidas. Do fundo, recolhia os pequenos retângulos, triângulos, quadrados desiguais. Compadecida do pouco, enamorada da miudeza.

Um gesto silencioso que me cativou. Cuidava de mim já na primeira manhã juntos. Comia as quebradas para me deixar as inteiras. Havia cinco ou seis bolachas intactas:

—Toma, por favor...

Reprisando nossa vida, ela avisou, naquele momento, que nunca partiria meu coração.

FRANQUEZA PARA MACHUCAR

Os casais terminam se odiando porque eles se reduzem. Se no começo ambos enxergam apenas o lado bom e se apaixonam, com a convivência, tomam gosto pela agressão gratuita. Não que o lado bom tenha desaparecido, é que não tem mais graça.

Com o pretexto da franqueza, preparam o veneno. Há uma esperança enganosa de que o pedido de desculpas apague a grosseria, que a compreensão abole a ofensa, que a cumplicidade é maior do que as adversidades.

Não fazem por mal, mas fazem. Espancam o primeiro que aparece pela frente. O primeiro que aparece é sempre um ou o outro. Afinal, são os únicos que estão em casa.

Como se conhecem perfeitamente, os dois passam a listar os defeitos numa discussão ou numa tola conversa. Como se os defeitos dependessem de reprise.

Ele dá uma opinião sobre o casamento e ela o desqualifica, avisando que ele não tem base moral na família para dizer isso. E mexe os galhos podres sobre sua cabeça.

Ela chega com mechas no cabelo e ele lembra que é a terceira vez em duas semanas que ela volta do salão com um novo corte.

Ele põe uma camisa listrada todo feliz e ela pergunta se ele sairá desse modo ridículo.

Ela está nervosa com as contas do cartão e ele vem com um sermão de que ela gasta o desnecessário, sendo que parte do superficial são o sorvete e as frescuras que ele pede no mercado.

Ele recebe um elogio de uma mulher e ela, de pronto, chama a menina, que nem conhece, de piranha e interesseira.

Ela estaciona o carro numa brecha impossível. Ao invés de elogiar, ele declara que é o mínimo que se pode fazer depois de 45 horas de autoescola.

Ele se sente um pouco mais musculoso, ela logo encontra com as mãos:

— Ainda tem uma barriguinha.

Ela compra lingerie e se assanha de perfume, ele confessa que teve um dia cheio. Um dia cheio que não apaga a televisão.

Ele tenta dançar, depois de inúmeras reclamações de que não se mexe em festas.

— O que você achou?, pergunta, eufórico, depois da balada.

— Melhor ficar parado, ela diz, categórica.

Ela é convidada para uma festa dos colegas e ele transforma sua ida em favor e sacrifício. Claro que ela não se diverte, termina entretendo o marido que não deseja se enturmar.

Os casais não necessitam simular quando não se tem vontade. Mas é sadomasoquismo reprovar de modo permanente quem amamos.

Ninguém ajudará sua companhia falando a verdade, mas sendo a verdade.

Ai meu Deus, ai meu Jesus 75

APAGUE A LUZ

Nunca fui fã de revistas pornográficas. Com zoom nas pernas, nas coxas, na bunda. Emagrecia minha imaginação.

Meus amigos tinham edições bagaceiras. Fotos escancaradas que possibilitavam enxergar inclusive os pelos encravados das mulheres. Disputavam bizarrices, relações com animais, orgias. Trocavam arquivos nos recreios.

Eu não participava do animado sebo. Zelava pela simplicidade da tinta preta em fundo branco. Permanecia solitário no arrepio.

Estranhava os empréstimos, ceder uma revista para alguém se masturbar. Na hora de folhear, duvidaria de outra origem para as páginas coladas. O papel tinha que ser virgem — o papel do primeiro encontro, novo como um envelope.

Minha adolescência avançou convulsionada a desenhos e cartas eróticas. Ficava muito mais excitado com a letra do que pela exposição.

Nem precisava esconder a bagagem proibida dos pais. Não me trancava no banheiro para me avolumar de presságios.

Com os dedos marcando as linhas, decorava as descrições de fantasias de anônimos, dos namoros fulminantes e casualidades fatais. Relatos sem nomes, somente com as iniciais. Meu erotismo foi crescendo em bilhetes de sequestro, maiúsculas separadas por pontos. Aquele ponto já me seduzia. Aquele ponto fazia o papel de cama.

Sexo nunca foi desafogo, descarrego, relaxar. Traio minha natureza para ser fiel ao ritmo cardíaco, que para e bate. Cessa e volta. Dependo de pausa para me admirar vivendo.

Não queria gozar, mas entender como gozava. Explicar-me. Fotografar o ar, o instante em que a contração atravessava o assobio.

Minha paixão é perversa, não pornográfica. Hostilizo depois, bem depois da intimidade. Confio em violência recomendada pela ternura.

Não me interessa chegar logo à rua, e sim percorrer primeiro a calçada. Preparar-me na metafísica do esbarro, reparar o desenho dos azulejos, acenar forte com a respiração.

Valorizo os movimentos implícitos, enxergar o que o vento não cobriu, comemorar provocações.

Devo ter algum problema, meus olhos demoram a vir, endureço por frases de arrebatamento e desconstruções gramaticais.

Obcecado pela gramatura da voz, pela entonação possessiva, pelo abandono progressivo das formalidades, abalo-me por uma expressão lasciva. Meu ouvido acelera o quadril.

Eu me tonifico com as roupas espalhadas pelo chão, não com um par indiferente de pernas esticadas.

Ai meu Deus, ai meu Jesus

As bordas me centram. A alça caindo do vestido aquece minhas mãos. Uma calcinha presa nos joelhos formiga os lábios. Um pedido desenvergonhado alarga os ombros.

Sou um cara que ainda procura história em filme pornô. E o amor no sexo.

QUER NAMORAR?

A melhor agência de namoro é comprar uma passagem para bem longe.
Quanto mais longe, maior a chance de ser feliz. Não precisa usar o bilhete, é adquirir, pôr no bolso e andar com aquele olhar irresistível de janela redonda de avião.

Sempre repercute: todo mundo sente que vamos embora e ganhamos importância amorosa. Mais imbatível do que usar aliança, do que borrifar perfume de boto, do que afogar estátua de Santo Antônio.

Quer se apaixonar? Invente uma viagem. Mas tem que pagar para fazer efeito. O destino confere os depósitos bancários.

A despedida é um afrodisíaco veemente. Ficamos abertos e receptivos ao acaso.

Durante os veraneios da adolescência, em Rainha do Mar, eu me ligava na menina no último dia de férias, quando era condenado a voltar para a capital. Amiga do interior confessava que me amava um pouco antes de entrar no carro cheio de malas e tralhas. Dava um selinho, corria em direção aos pais e trocávamos cartas ansiosas pelo reencontro ao longo do ano.

É ter um compromisso certo e inadiável para arrumar uma paixão. Sem antítese, não há dialética, não se chega à síntese.

Adoramos uma encruzilhada, confusão, dúvidas. Adoramos a ambiguidade do aceno, que pode ser um oi e um tchau.

Ao tomar um caminho, surge outra opção até então invisível. É programar um intercâmbio no exterior que nos envolveremos na noite anterior ao embarque. É realizar sonho profissional de trabalhar na Europa que antigo amor vem suplicar reconciliação.

O aeroporto e a rodoviária são altares, cupidos, balcões de suspiros.

Se você é solteiro, não entre em chats, não crie perfis falsos, não perca tempo.

As mulheres são alucinadas por homens com malas. Os homens são alucinados por mulheres atravessando o detector de metais.

Se não consegue namorado/namorada, gire o globo, pare um país com o dedo e arrebate passagens.

A distância influencia a longevidade da relação. Menos de 200 quilômetros não traz cócegas. O arrebatamento é proporcional à quilometragem. Viajar a Espumoso produzirá um rápido olhar 43, Santo Ângelo resultará em flerte, Rio de Janeiro ocasionará um caso, Natal renderá breve namoro, deslocamento ao Acre talvez pinte noivado.

Mas, para casar com véu e grinalda, aposte alto e compre passagem de ida (somente de ida!) a Bangladesh.

COMO DESMASCARAR O CHORO FALSO

O choro é uma arte. Uma obra-prima. Uma Pietà de Michelangelo. Diante dela, nossos olhos se umedecem na hora, o batimento dispara e até nossa boca se ajoelha pedindo perdão pela nossa indiferença nas sinaleiras.

Mas, como toda escultura, é cheia de réplicas e falsificações.

E dá para entender o motivo. Desde bebê aprendemos a fazer manha para ganhar as coisas. Perdemos a autenticidade das lágrimas. A cobiça nos distanciou da verdadeira dor. Assim que descobrimos que os pais não aguentam choro por muito tempo, abusamos do recurso cênico e banalizamos o berro. Nossos sofrimentos são, na maior parte das vezes, reclamações. Os gritos não passam de resmungos. Poderiam ser evitados. Têm uma clara natureza forçada.

Desejando prevenir a população da ação dos impostores, estabeleço mandamentos para identificar e reprimir o estelionato emocional:

- O choro depende de soluço. É um engasgo precioso. Choro sem soluço é poço sem roldana. Trata-se de um motor respiratório para atravessar o vale de lágrimas. Numa visão gramatical da tristeza, o soluço é a vírgula e o gemido é o ponto final. São pausas fundamentais que garantem o suspense: parece que o sofredor vai falar, mas ele se cala.

- O choro sincero é um miado. Não conseguiremos decifrar o que a pessoa disse. As palavras são completamente inaudíveis.

- O rosto ficará vermelho, inchado, como um ataque de abelhas-africanas.

- O sofredor não vai encarar o outro de modo nenhum, não se chora de cabeça levantada, isso é coisa de novela e de colírio. O choroso estará acovardado, de boca aberta, já que não consegue respirar.

- Não acredite no tipo que bate a porta do quarto para chorar, está chamando atenção, é carência, não choro. O choroso real desmorona onde estiver. Não é possível guardar o choro, criar um fundo de investimento de dor. O choro é pontual, surge no meio do trabalho, no meio da aula, relâmpago incontrolável.

- Em contato com o travesseiro, a choradeira irá atravessar a fronha e o lençol. Se não mofar o colchão, não é choro.

- No momento em que o homem chora, se a voz vem grossa, ele está fingindo: no choro, a voz sempre é fina, distorcida, de gás hélio.

- Mulher nunca chora sem estar pintada. É regra básica, para borrar feio e oferecer espetáculo. Mulher chorando de cara limpa é farsa.

- Se você usa lenço ou papel higiênico para limpar o nariz, está mentindo: quem sofre mesmo assoa o ranho na manga da camisa, e não se importa com os botões.

- O choro é como orgasmo. Não admite discurso depois. Aquele que aproveita o choro para passar sermão é apenas um chantagista.

MEDO DE SE APAIXONAR

Você tem medo de se apaixonar. Medo de sofrer o que não está acostumada. Medo de se conhecer e esquecer outra vez. Medo de sacrificar a amizade. Medo de perder a vontade de trabalhar, de aguardar que alguma coisa mude de repente, de alterar o trajeto para apressar encontros. Medo se o telefone toca, se o telefone não toca. Medo da curiosidade, de ouvir o nome dele em qualquer conversa. Medo de inventar desculpa para se ver livre do medo. Medo de se sentir observada em excesso, de descobrir que a nudez ainda é pouca perto de um olhar insistente. Medo de não suportar ser olhada com esmero e devoção. Nem os anjos nem Deus aguentam uma reza por mais de duas horas. Medo de ser engolida como se fosse líquido, de ser beijada como se fosse líquen, de ser tragada como se fosse leve.

Você tem medo de se apaixonar por si mesma logo agora que havia desistido de sua vida. Medo de enfrentar a infância, o seio que a criou para aquecer suas mãos quando criança, medo de ser a última a vir para a mesa, a última a voltar da rua, a última a chorar.

Você tem medo de se apaixonar e não prever o que poderá sumir, o que poderá desaparecer. Medo de se roubar para dar a ele, de ser roubada e pedir de volta. Medo de que ele seja um canalha, medo de que seja um poeta, medo de que seja amoroso, medo de que seja um pilantra, incerta do que realmente quer — talvez todos em um único homem, todos um pouco por dia. Medo do imprevisível que foi planejado. Medo de que ele morda os lábios e prove o seu sangue.

Você tem medo de oferecer o lado mais fraco do corpo. O corpo mais lado da fraqueza. Medo de que ele seja o homem certo na hora errada, a hora certa para o homem errado. Medo de se ultrapassar e se esperar por anos, até que você antes disso e você depois disso possam se coincidir novamente. Medo de largar o tédio; afinal, você e o tédio, enfim, se entendiam. Medo de que ele inspire a violência da posse, a violência do egoísmo, que não queira reparti-lo com mais ninguém, nem com o passado dele. Medo de que não queira se repartir com mais ninguém, além dele. Medo de que ele seja melhor do que as suas respostas, pior do que as suas dúvidas. Medo de que ele não seja vulgar para escorraçar, mas deliciosamente rude para chamar, que ele se vire para não dormir, que ele acorde ao escutar a sua voz. Medo de ser sugada como se fosse pólen, soprada como se fosse brasa, recolhida como se fosse paz.

Medo de ser destruída, aniquilada, devastada, e não reclamar da beleza das ruínas. Medo de ser antecipada e ficar sem ter o que dizer. Medo de não ser interessante o suficiente para prender a atenção dele. Medo da independência dele, de sua algazarra, de sua facilidade em fazer amigas. Medo de que ele não

Ai meu Deus, ai meu Jesus

precise de você. Medo de ser uma brincadeira dele quando fala sério ou que banque o sério quando faz uma brincadeira. Medo do cheiro dos travesseiros. Medo do cheiro das roupas. Medo do cheiro nos cabelos. Medo de não respirar sem recuar. Medo de que o medo de entrar no medo seja maior do que o medo de sair do medo. Medo de não ser convincente na cama, persuasiva no silêncio, carente no fôlego. Medo de que a alegria seja apreensão, de que o contentamento seja ansiedade. Medo de não soltar as pernas das pernas dele. Medo de soltar as pernas das pernas dele. Medo de convidá-lo a entrar, medo de deixá-lo ir. Medo da vergonha que vem junto com a sinceridade. Medo da perfeição que não interessa. Medo de machucar, ferir, agredir para não ser machucada, ferida, agredida. Medo de estragar a felicidade por não merecê-la. Medo de não mastigar a felicidade por respeito. Medo de passar pela felicidade sem reconhecê-la.

Medo do cansaço de parecer inteligente quando não há o que opinar. Medo de interromper o que recém iniciou, de começar o que terminou.

Medo de faltar às aulas e mentir como foram. Medo do aniversário sem ele por perto, dos bares e das baladas sem ele por perto, do convívio sem alguém para se mostrar.

Medo de enlouquecer sozinha. Não há nada mais triste do que enlouquecer sozinha.

Você tem medo de já estar apaixonada.

CASAL PROBLEMA

Na discussão de relacionamento, as aparências enganam. Quem grita muito não deseja brigar. Quem fala baixo gosta de brigar. Mariano é do segundo grupo, adepto silencioso da rinha: suplica para a mulher se recompor e baixar o volume. Seu jogo é psicológico. Põe fogo no circo e senta para assistir ao espetáculo da plateia.

A impressão é de que Selma grita sozinha: a voz dele nem aparece.

A falsa calma de Mariano irrita Selma. Mas a irritação de Selma passa da conta e apavora Mariano. Não há santo naquele lar. Ambos sabem que não estão certos, mas tramam um jeito de convencer o parceiro de que ele é que está errado.

Ele não descansa sem fazer as pazes. Ela odeia paz forçada. Nenhum cederá: os vizinhos é que sofrem.

Formam o famoso casal-problema do prédio. Todo edifício tem um. A reunião de condomínio é dedicada às últimas peripécias do apartamento 201.

No início do ano, a vizinha de cima bateu à porta da dupla. Antes fosse para pedir sal ou açúcar.

— Desculpe incomodar, tenho uma filha pequena, não estamos dormindo de noite, vocês podem gemer mais baixo?

— Como? — Mariano atendeu.

— Dá para ouvir tudo pela nossa janela.

— O que sugere? Que use travesseiro no rosto? — ele ironizou.

— Não sei mais como explicar à minha filha, avisei que eram gatos no telhado.

Episódio mais grave ocorreu em maio. Mariano e Selma não são mesmo calmos. O que esperar do encontro de orgulhosos, ciumentos, temperamentais?

Óbvio que uma carta de notificação da imobiliária, ordem para se comportar senão seriam obrigados a pagar multa.

— Pô, Selma, não podemos transar nem brigar na própria casa.

— É o fim da liberdade, amor. E o síndico desrespeita a lei do silêncio no domingo para apressar a reforma do corredor, né?

E se abraçaram e viveram em paz mais três meses.

Na última semana, após troca de insultos, o interfone do 201 apita:

— Soldado Amauri, Brigada Militar...

— Vizinhos desgraçados... — desabafou Selma.

Duas viaturas estavam estacionadas na entrada do prédio.

Eles pararam de discutir na hora, cheios de cumplicidade.

— Quando roubaram o nosso carro na garagem, à mão armada, nenhum carro da Brigada Militar surgiu, Selma. Nenhum!

CARPINEJAR

— Mas para apartar uma briguinha, a corporação envia não somente um veículo, mas dois, Mariano.

— Querem nos separar.

— Nunca vão nos separar!

Nada melhor do que uma injustiça para desencadear a reconciliação.

O casal desceu de mãos dadas, envolvido em longos e acalorados beijos. Os policiais ficaram constrangidos diante de tanto amor e se retiraram.

O AMOR PERDOA TUDO

Fotos de amor são ridículas, mas ainda mais ridículo é nunca tirar fotos de amor.

Não há como esnobar certas aparições, manter pose de intelectual e prometer que dessa máquina não beberei.

Existem fotografias obrigatórias na nossa existência, fiascos essenciais que continuaremos reproduzindo até o Juízo Final. Representam estreias, nascimento, inaugurações, onde é impossível rejeitar o clique. Guarde a reclamação e a timidez no estojo, ficará condicionado a tolerar o xis, olhar o passarinho, arrumar um lugar na barreira e aceitar as ordens de incentivo do fotógrafo.

São imagens que partilham o mistério da música brega: ninguém conhece, todos sabem a letra.

Referem-se às cenas fundamentais do ciclo da vida, espécie de cartões-postais familiares. Sem eles, a sensação é de que não nascemos, de que não tivemos família, de que não pertencemos à normalidade fotogênica do mundo.

É o mesmo que visitar o Egito e não posar na frente das pirâmides, visitar Paris e não ostentar a Torre Eiffel ao fundo do plano, passar pela China e desdenhar as curvas da Muralha.

De que flagrantes estou falando?

Daqueles de que não podemos fugir, senão demonstraremos indiferença, frieza, falta de emoção.

Daqueles de que debochamos ao encontrar na gaveta dos outros e que ocupam a maior parte de nossos porta-retratos.

Um deles é a troca de cálices no casamento. Quando o noivo e a noiva embaralham os braços. Apesar do desconforto tentacular, o casal tem que sorrir. Qual o menos pior: este brinde de espumante ou o corte a dois do bolo do casamento? Trata-se de uma disputadíssima concorrência para abrir o álbum.

Lembro também do clássico beijo do pai na barriga da gestante. A grávida sempre está nua, o que é involuntariamente engraçado. O homem surge agachado com roupa social diante de sua companheira pelada. Se não fosse a criança por vir, estaria na parede de uma borracharia.

Não dá para esquecer a grande angular do baile de debutantes: as adolescentes como time de futebol, posicionadas em diferentes degraus. E a nossa foto tomando o primeiro banho, usada pela mãe para nos envergonhar na adolescência. E sem os dentes da frente, e lambuzado de chocolate e sendo lambido pelo cachorro.

Fotos ridículas e inesquecíveis, adequadas para chantagem e suborno, mas que se tornam — por vias tortas — recompensas do amor.

São justamente as fotos que vamos procurar para sentir saudade. E, ao lado dos filhos, rir e chorar ao mesmo tempo.

Ai meu Deus, ai meu Jesus

MANDRAKE!

Não existe preparação para amar. Mesmo que eu decore as posições do Kama Sutra, na hora a minha perna vai faltar com a palavra.

Não existe roteiro.

Não compreendi por que guardo manuais de instruções de geladeira, carro, liquidificador, som. São totalmente dispensáveis.

A primeira vez que peguei uma ave com as mãos, levei um tremendo susto. Fiquei em pânico, com medo de apertar demais e machucar o bicho ou afrouxar as asas e ele voar.

Na vida, fala-se do meio-termo. Conseguir o meio-termo é uma bronca.

Nas corridas da escola, eu dava um pique desgraçado no início, dominava a corrida até a metade e depois via os colegas me abanando em cada ultrapassagem.

Controlar, suportar e esperar não combinam comigo. Sempre dormi ao fazer ioga. É muito confortável o vazio espiritual.

Se careço de um parafuso a menos, deve ser justamente o ponto de equilíbrio.

Ao perguntarem se desejo primeiro a boa ou a má notícia, peço a boa. Na segunda, já não estou mais ali.

O amor é a arte da hesitação mais do que da excitação.

Cama é carma.

Algumas regras de amantes:

— Descobrir a parte do corpo dela em que exala o perfume mais forte. Serão os pontos de maior excitação. Não precisa perguntar.

— Usar a respiração como voz.

— Não atalhar, abreviar e resolver. Mas avançar e recuar. Fazer o que mais quer, para em seguida mudar de ideia. Voltar atrás como quem extraviou alguma coisa importante.

— Não pensar muito, mas pensar o suficiente para não ser refém do corpo. Assistir a si mais do que atuar.

— Namorar as regiões de que ela tem vergonha. A vergonha é discreta vaidade.

— Não atacar, conversar com as mãos, conversar pelas mãos, conservar a atmosfera sem as mãos, apenas com a proximidade da nudez.

— Defender-se para mostrar a sua vulnerabilidade.

— Escutar o que ela não disse. Se ela falar, perdeu a graça.

— Não ter pudor. Fome é desejo. Expor-se à confissão.

— Procurar movimentos repetitivos e circulares. O gesto não termina de começar.

— Acariciar as costas com a cabeça e o rosto.

— Concentrar-se na dispersão.

— Não confundir preliminares com massagem. Não banque o sério, pois entedia. Combinar tranquilidade (estar à vontade)

Ai meu Deus, ai meu Jesus 93

com insegurança (não saber o que vai acontecer). Despistar a sua movimentação.

— Quanto maior a espera, maior será a eletricidade. Não aguarde respostas rápidas. Desprendimento é diferente de descompromisso. Desprendimento é doação.

— Não dormir depois. Não se afastar com pressa. Continuar se beijando mansamente.

— Não questione se ela gozou. Ela vai detestar ou mentir.

— Esquecer qualquer regra no momento.

QUANTO TEMPO?

Ninguém aguenta ser amante muito tempo.
O trauma dos amantes é que eles não querem ser amantes. Não curtem. É como um torcedor declarar que adora ver seu time de coração na série B; não cabe, não dá. O desejo é retornar à série A. Mas o que está errado é o sentimento diante da história, não a história.

Porque ser amante não significa segunda divisão, assim como ser casado não expressa uma elite do amor. Ai, que nó.

É como um engenheiro trabalhando como balconista: confessa que é passageiro; é como uma advogada trabalhando como manicure: alega que é provisório. Mas exercer os papéis de balconista e manicure não são depreciativos, é a comparação social que os torna inferiores. Incorporamos a convenção de que a engenharia e a advocacia são melhores ao exigir esforço, estudo e dinheiro.

Infelizmente, amante guarda um apelo de rejeição, de transitoriedade: se é ou se exerce a condição na ausência de uma situação duradoura e estável. Amante é passagem para uma história completa. Uma transição. Experimentar a catacumba dos motéis e horários quebrados para retornar à claridade. Responde a um sacrifício para conquistar definitivamente uma pessoa.

Não somos treinados a suportar um amor sem alarde. O problema dos amantes não é a falta de amor, é a falta de manchete do amor, a impossibilidade de contar aos outros que se está amando, já que os envolvidos são casados.

Pares terminam separados pela ausência de visibilidade e reconhecimento social, nunca em função de uma redução do amor. É como deixar de torcer pelo time, pois ele não ganhou nenhum título.

Um casal de amantes pode ser — mal ou bem — a história completa. E se a aventura é o máximo que cada um pode chegar ou atingir de entrega?

Casando, será que os amantes não voltarão a dedilhar o tédio que escaparam ao criar um caso?

O amante se define como um constrangimento. Um vexame. Deveria se orgulhar de sua liberdade, da graça da insuficiência, mas insiste em fixar os pés na antessala nupcial e aceitar a dependência externa.

Somos ainda institucionalistas, confia-se que o casamento cura ou converte algo negativo (o amante) em algo bom (marido ou esposa). O que mudará com o casamento é somente a exposição oficial do que ocorria em surdina. Por isso, tantos amantes lamentam que o outro não "assume a relação". Assumir a relação é casar. O que eles procuram é uma promoção. O ambiente amoroso permanece carregado de um jargão profissional.

De modo paradoxal, o que um amante mais deseja é dormir de conchinha ou que seu parceiro perca a hora e não vá de madrugada depois de transar. Que permaneça na cama a oferecer um colo muito próximo do concedido no matrimônio. Não é intrigante que a prova de confiança pretendida pelo amante seja andar de mãos dadas nas vias mais expressas ou beijar em público? Afirmação ao amante é negar sua natureza proibida para se aproximar da visibilidade marital.

Os amantes são os monogâmicos ocultos. Os monogâmicos tímidos. Não sobrevivem ao jogo instável, dispersivo e intenso do sigilo. Entram num caso para legitimar e regulamentar a relação.

O canalha nasceu para perpetuar a crise. Para mostrar que o amante não é o subdesenvolvido do afeto, como se acredita, ou que o casado é o civilizado da paixão, como se imagina.

NATUREZA VIVA

Eu reservo para comer o que mais gosto no final. Não sei como começou esse ritual. Pensando bem, foi desde que me ensinaram que não se fala na mesa. É evidente que não obedeci o mandamento do silêncio. Falo com a boca cheia, bem melhor do que morrer de monotonia.

Inicio com a salada, pouco inspirado, parto para o arroz e feijão e, depois, diminuo a velocidade da garfada com o bife à milanesa e a batata frita. Não significa que como esse prato todo dia, mas batata frita ficará para o final em qualquer cardápio. É o meu desfecho predileto.

Engulo o verde por obrigação e, aos poucos, amanso o hábito para uma fisgada contemplativa. Minha respiração muda de acordo com a intensidade e expectativa das etapas, do sopro ao suspiro. Dificilmente vou rir de alguma piada durante a salada. É muito esforço e concentração e não posso me dispersar um segundo para não fazer careta.

Já posso rir até do que não tem graça com o bife à milanesa. É impressionante como o apetite abre a guarda e as defesas. O estômago é a região mais sensível dos olhos.

Será que a ordem altera a natureza das coisas?

Raciocinava que era um crime morrer idoso, distanciado da infância, desprotegido e abandonado de seus contemporâneos, que foram fechando as malas em breves obituários. Defendia a teoria de que se deveria nascer velho e rejuvenescer em sentido anti-horário: maduro, quarentão, adolescente e, por final, criança. Seria muito melhor para cada uma das fases. Por exemplo, não podia ser permitido cair na adolescência sem preparação. Assim como não faríamos tantos erros de relacionamento com uma imaginação experiente e uma memória prodigiosa, de trás para diante. E o asilo seria uma creche e a creche seria um asilo. Ninguém faria também cirurgia plástica para esticar a pele e ficar novo em folha, porque todos desembocariam fatalmente para a juventude. Mas encontrei um ponto negativo que destruiu minha tese: eu iria morrer tão passarinho. Odeio a possibilidade de morte na infância. Argola de caixão pequeno é trinco da porta do inferno.

A ordem dos fatores não altera em nada o resultado, porém confunde, confunde. Fui educado para namorar, noivar, casar. Acabei casando, namorando e agora estou noivo de minha mulher. Dá para entender? Sou feliz desajeitado. De certeza, apenas que guardo a batata frita por último.

ABRAÇO DE JUDAS

Todo presidiário tem dez minutinhos de sol, um recreio para banhar o rosto com a luminosidade da manhã.

Já quem é livre talvez passe 24 horas longe de um pátio, desprovido de um mísero contato com a luz do dia. Talvez não abra a janela, sequer levante as persianas, para espiar o azul do horizonte e criticar a temperatura dos relógios da rua.

Quem é livre age com culpa. Encarna-se na profissão como um condenado, debruçado a atender os múltiplos sinais do celular, laptop, iPad, televisão.

Sempre encontra um tempo para adiantar uma tarefa, mesmo que seja necessário abdicar do almoço, mas nunca abre frestas para se sentir no mundo.

Suas frases mais comuns são que não tem escolha; precisa se sustentar; há muito a fazer.

Aparentemente solto, está confinado na solitária do seu trabalho — e não percebe o valor de respirar a cerração, espirrar quando surge um vento mais gelado e descascar tangerinas no meio-fio solar, fugindo do lado das sombras.

Esquece que o centro tem praças, que as praças têm bancos, que nos bancos caem máscaras de oxigênio das árvores.

Esquece o livre-arbítrio, envolvido na onipotência de desdenhar da vida.

Se fôssemos samambaias, estaríamos mortos. Secos. Murchos. Somos vasos e demoramos a rachar. A longevidade não é saúde.

Até abraçar desaprendemos. Ninguém mais abraça com vontade. Com sinceridade de velório.

Odeio abraço falso, como aquele beijo de frígida, no qual a face bate na face e os lábios se transformam em beiço.

Abraço tem que ter pegada, jeito, curva. Aperto suave, que pode virar colo. Alento tenso, que pode virar despedida.

É pelo abraço que testo o caráter do outro. Não confio em quem logo dá tapinhas nas costas. A rapidez dos toques indica a maldade da criatura.

Não sou porta para bater. Nem madeira para espantar azar.

Abraço com toquinho é hipócrita. É abraço de Judas. De traidor. O sujeito mal encosta a pele e quer se afastar. Pede espaço porque não suporta os pecados dos pensamentos.

Devemos fechar os olhos no abraço, respirar a roupa do abraçado, descobrir o perfume e a demora no banho.

Abraço não pode ser rápido senão é empurrão. Requer cruzamento dos braços e uma demora do rosto no linho.

Abraço é para atravessar o nosso corpo. Ir para a margem oposta. Nadar para ilha e subir ao topo da pedra pela gratidão de sopro.

Sou adepto a inventar abraços. Criar abraços. Inaugurar abraços. Realizar um dicionário de abraços. Um idioma de abraços.

Ai meu Deus, ai meu Jesus

O meu é o de cadeira de balanço. Giro nas pontas dos pés. Não largo; os primeiros minutos são para sufocar, os demais servem para o enlaçado se recuperar do susto.

Não entendo onde terminará o abraço. Se a pessoa vai chorar ou vai rir. Abraço é confissão.

Dez minutinhos de sol e de liberdade.

VINTE RAZÕES PARA AMAR UM CARECA

1. Não é que o careca é careca, ele tem mais rosto. É somente rosto. Sua mulher nunca erra um beijo em sua face. Atrás da cabeça ainda é bochecha. Não há aquele risco desagradável de engolir cabelo.
2. O careca é um ponto de referência em qualquer lugar público. No supermercado, por exemplo:
    — Onde é o corredor do arroz?
    — Depois daquele careca, à esquerda.
3. O homem larga a pose alfa, tem um maior contato com a natureza, arrepia-se com as gotas da chuva ou as lufadas geladas do vento.
4. A careca é uma zona erógena e pode ser aplicada como instrumento preciso para massagens eróticas nas costas da mulher. Trata-se de uma plataforma vibratória, com funções aeróbica, anaeróbica e terapêutica.
5. Fim dos furtos dentro de casa. O xampu e o condicionador da esposa duram o dobro de tempo.

6. O macho deixa de ser hipócrita, não perguntará para a mulher de quem são os cabelos no ralo ou na pia. Com o fim da concorrência, agora tem certeza de que são dela.
7. Não corre o risco de se afeminar com o uso excessivo do secador.
8. Na pressa, não precisa tomar banho, apenas completar o polimento.
9. O careca não passará pelos vexames sociais da caspa ou do piolho.
10. Nunca envergonhará sua companhia pintando os cabelos de acaju ou recorrendo às luzes.
11. Reduz as possibilidades de câncer de pele. Começa a pôr protetor solar para ir ao trabalho, não se restringindo a se prevenir da radiação ultravioleta nas férias.
12. Não é bobo de gastar R$ 50 mil, como Eike Batista, para comprar uma peruca italiana. Não é bobo de virar sósia de Silvio Santos com peruca de R$ 50.
13. O careca é maduro, confiável, único homem que realmente abandonou a adolescência.
14. Ninguém reclamará de que ele é vaidoso e que vive se olhando no espelho para ajeitar o topete.
15. Se cometer algum crime, pode mudar de personalidade colocando um chapéu, uma boina ou um boné.
16. O careca não enrola, assume o romance. É tudo ou nada. Não admite meio-termo: implante, aplique, calendário pilomax. Prefere uma cabeça raspada a falsas esperanças.
17. Rejuvenesce no ato. Aparenta cinco anos menos do que os seus colegas grisalhos ou de mechas tingidas.

18. Não existe mais nenhum problema que possa fazer o careca perder cabelo.
19. Elas gostam dos carecas porque os carecas se gostam.
20. Todo careca sabe quem foi Yul Brynner.

INVOLUNTARIAMENTE PORNOGRÁFICO

Nunca chamei meu pênis de nome próprio. Ele não é animal doméstico. Muito menos tenho personalidade dividida para que ele pense por mim. Não combina batizá-lo com nome masculino. Não soa másculo. É o equivalente a chamar um outro homem na cama.

E se eu o nomeasse de Rubens? Coitado de quem é Rubens em primeiro lugar. O papo com a menina seria mais ou menos assim: "Você não conversa com o meu Rubens." Ou "meu Rubens está com saudades de você". É de estrangular a excitação.

Na primeira briga do casal, escaparia da responsabilidade com uma terceira pessoa: "Meu Rubens não concorda com você, está magoado, ele vai embora."

Quando tentamos fugir do sexo, ficamos ainda mais pornográficos. Quando tentamos disfarçar as palavras sexuais, acabamos ainda mais explícitos. A poesia no sexo serve para chamar atenção do que escondemos.

Toda metáfora sacrifica a naturalidade. Não há o que inventar. Sexo é sexo. A simplicidade está na combinação das palavras simples. Quem tenta encontrar outra expressão mais bonita, florear, é involuntariamente grotesco. E grosseiro.

Em roda de conversa, ouvi amigas e amigos comentando que é uma delícia colocar sorvete ou marshmallow para chupar. Sorvete eu tomo no pote. Não pretendo infantilizar a boca para diminuir a culpa. O que me agrada é o gosto natural, a química, o cheiro do corpo.

Além da comicidade, existe a vergonha da dupla interpretação. O constrangimento de sugerir o que não se esperava.

Não consigo chamar de gruta. Gruta costuma ter uma santa. Gruta do amor é mais terrível: uma procissão de santas. Os seus derivados grota e greta não perdoam. "Deixa acender uma vela" é retornar à Idade Média.

Não consigo chamar de grelo: lembra churrasco e família. "Salsichão no grelo", bah!

Não consigo chamar de buraco negro, nem preciso externar o motivo. Triângulo das Bermudas é para desaparecer, deixe um bilhete de suicida por prevenção.

Não consigo chamar de gaveta, é não sair do escritório.

Não consigo chamar de perereca, a verei saltando freneticamente. Qualquer outro animal não ajuda o vocabulário, como aranha. Eu, que tenho dificuldade com o erre, teria que repetir "alanha, alanha, alanha!".

Não consigo chamar de estojo (lápis no estojo é de chorar).

Não consigo chamar de rachadura e fenda, evoca infiltração.

Não consigo chamar de mata, parece que ela não está depilada há séculos.

Ai meu Deus, ai meu Jesus 107

Não consigo chamar de xota, assemelha à dança típica. Ou montanha úmida, é avisar que ela está gorda. Cuidado com a avalanche.

Não consigo chamar de concha e canoa antes de espiar se há um salva-vidas de plantão para eu não morrer afogado.

Os efeitos líricos diminuem a grandeza do despojamento. Vira piada: tente comparar os seios com melões. E logo com uma mulher que recém fez cirurgia para diminuir o peito. Ou com laranjas e peras. Só falta pesar a fruta.

As alegorias complicam a nudez, a linguagem pode vestir os amantes no momento em que estavam despidos.

O pudor na linguagem provoca a maior falta de pudor.

CILADAS

Quando a sua namorada ou o seu namorado diz que você pode confiar e contar que nada mudará na relação, é mentira. A sinceridade inspira a abrir os segredos para, em seguida, jogar você na parede.

O amor é um jogo de convencimento e persuasão que termina invariavelmente em desconfiança. A pergunta que é feita por ela ou por ele, de modo inocente, não é uma pergunta; quem dera, pouco guarda da modestia de uma pergunta, que aceitaria a contrapartida sem ofensa. A pergunta é uma suspeita. Não se deseja uma resposta, mas sim "a resposta". E esta deve confirmar somente uma evidência. A resposta é a evidência que estava sendo cavada.

Sigilo não existe. Quem guarda segredo apenas fingiu que não falou. A diferença é que alguns fingem bem. A pessoa pede franqueza e afirma que tudo aceitará, que tudo permitirá, para, em seguida, julgar e atacar ao descobrir tudo.

O charme inicial e a caridade do gesto são ciladas. Entra-se em uma investigação, não em uma discussão e diálogo. No fundo, há a intenção de conspirar contra aquele amor, de atestar que ele ou ela não presta, de que foi um erro. É incompreensível verificar que o ceticismo surge nos melhores momentos, como a avisar que não pode ser verdade, que a felicidade errou de endereço. Em cada um pisca o dispositivo antifelicidade, detonado para expulsar a intimidade e possíveis alegrias.

Se alguém se torna imprescindível, a estima arruma um jeito e um pretexto para mandá-lo logo embora. Algo que ocorreu no passado mais longínquo vai afetar como se tivesse acontecido há poucos minutos.

Se a namorada fala que já se relacionou com três homens ao mesmo tempo, o namorado concluirá que ela é promíscua e terá medo de ser apresentado aos antigos parceiros dela em alguma festa.

Amar é uma paranoia interminável, porque não se tem aquilo que se é e não se pode ser aquilo que se tem. Difícil encontrar no amor o meio-termo, que não resulte em posse, muito menos em indiferença, que não desemboque em obsessão ou em tolerância.

Desde quando não se pode ter passado e experiência? Não dá para compreender que casais acreditem que seu par tem que ser um objeto lacrado, inviolável.

Se ela transa bem é porque aprendeu com antigos namorados; isso é óbvio. E daí? Que bom. Ambos definirão o seu dialeto a partir de idiomas anteriores.

Chega de autoritarismo, de transformar a casa em um campo de desmemoriados. Não se fica generoso com amor; fica-se egoísta. Só se pensa, a princípio, no nome de quem se ama, para depois só se pensar no próprio nome. O começo é um desapego irrestrito; o final, uma proteção absoluta. No início, há a renúncia em favor do bem-estar da nova paixão. No decorrer da convivência, passa-se a criar mecanismos de defesa para se afastar. Os opostos se atraem, mas não conseguem permanecer juntos (os parecidos se repelem e ficam juntos). O que se mostrava maravilhoso e definitivo, a sedução da diferença, a atração de um continente desconhecido são substituídos pela tentativa de moldar o outro aos seus gostos.

O respeito desanca em dominação. Não importa que ele saia com os amigos, que jogue futebol, que tenha grandes amigas, desde que ele deixe, pouco a pouco, de sair com os amigos, de jogar futebol e de perder de vista as grandes amigas. Ainda com complicações, é possível ser casado com a memória. De maneira alguma com a imaginação. Esta é sempre solteira.

Se o namorado não liga, demora para chegar, é evidente que a imaginação o viu com duas ou três mulheres em meia hora. A imaginação não aceita a confiança; procura o pior, para depois gritar que já sabia.

"Eu sabia" é a frase mais irritante de qualquer relacionamento. Mostra arrogância e, o mais grave, sinaliza a certeza do fracasso.

DESEJO NÃO É CARÊNCIA

O desejo tem suas leis. Precisa de regras até para perder as regras. Não se adota de qualquer jeito. O desejo não pode ser humilhado e ofendido, não é passageiro e involuntário.

O desejo investiga seu amor como se fosse sua morte. O desejo tem responsabilidade, por mais que isso pareça despropositado.

O desejo apresenta ética, princípios, caráter. Não é inconsequente, como se convencionou chamá-lo. O desejo não apela para golpes baixos. O desejo não suporta quem aproveita a carência de outro para se aproveitar, quem finge amizade para seduzir. Quem é educado apenas para agradar, quem se julga melhor do que o seu próprio desejo. Quem escuta confidências para avançar o corpo.

Quem envenena para se aproximar. Quem dá um ombro cobiçando a perna. Quem mexe nos cabelos para tapar os olhos. Quem não respeita a fragilidade, as dúvidas e as inquietações de uma crise.

Quem se esbalda no medo para oferecer proteção. Quem apressa a mulher para esquecê-la, quem não se afasta um passo, um pouco, para lembrá-la. Quem invade a intimidade para expô-la ainda mais. Quem é dedicado na véspera e brusco na despedida. Quem não observa o quarto para recolher as roupas. Quem culpa o desejo pela posterior falta de desejo. Quem diz sim já antecipando o não. Quem afoba para destruir, quem não estará depois da espuma para alinhar o mar. Quem espanta as aves de perto para não ser contrariado. Quem encontra desculpas para se esconder. Quem não paga o insulto de viver. Quem mutila o braço do rio por não saber segui-lo.

O verdadeiro desejo espera a mulher se recompor, espera a serenidade, que ela fique mais forte e possa escolher uma nudez que não seja tolerância e fraqueza. É devagar e denso, raiz carregada do visco e das sombras, quietude amadurecida do sumo e da nata.

O verdadeiro desejo não teme, inclusive, o risco de ser recusado. Não é uma circunstância, é linguagem. Como uma foto, o desejo não será dobrado. Como uma foto, o escrito vai no verso, não sobre a imagem.

O verdadeiro desejo não é predatório, não é egoísta; é generoso, preocupa-se em chegar ao final, obediente ao início; em chegar ao início, obediente ao final. Não se rebaixa. Não significa um alívio, mas a contenção, a alegria alta da corda de um sino.

É, muitas vezes, prender o prazer para se conhecer mais.

Ai meu Deus, ai meu Jesus

A MULHER É UM FIGO

Figo. Assim que eu vejo o amor. Como um figo. Assim que vejo a mulher. Como um figo. O figo não tem o caroço apartado do sumo como a maioria das frutas.

Pode-se engolir a semente sem perceber. A semente é também polpa. Não existe o medo de mordê-lo e trincar os dentes. O figo é servido para a língua, para o beijo. Figo é para ser lambido em vez de mastigado. Com a pressão do céu da boca, ele se desmancha.

Figo não desperdiça o sumo. É úmido como um pão quente. Ele hidrata sem escorrer. Goteja pássaros. Não apodrece; amadurece.

Não me lembro de figo que fique sozinho no chão. O sol o transforma imediatamente em terra. Ele somente deita aos lábios, ninguém mais. No solo, cai de pé, pronto a germinar.

O figo tem os galhos e as raízes em si. É o coração da romã. Vidraça para o vento desenhar. Como a mulher, não há alas separando os quartos, paredes separando as sombras, gomos separando o gosto. O figo é inteiro, quase um fogo.

A alma é corpo, o corpo é alma· ambos se defendem e se revezam. Suas cores são casadas. Por fora, um verde com azul, tal rio manso. Dentro, o vermelho se abre generoso ao amarelo. A casca é um vestido fino, um tecido suave, que deveria ser roçado com o rosto. Não poderia ser chamada de casca, mas de pele. A casca já é parte interna da fruta. O começo tem a lentidão doce do fim. A pele é saborosa como o seu sumo. Não se usa faca para desenrolar a casca, mas sim a unha. Um pouco de cuidado, e ela se despe.

Figo não é destinado aos afoitos. É fio de riacho a se recolher da pedra com a concha das mãos. É passar da esperança, reparando na beleza. Figo não é o pecado, é o pecador. Fruta para ser apanhada direto da árvore, posta junto da camisa. Não mancha, lava o dia.

Nunca é tarde para o figo. Nele, os turnos estão acumulados. Perfume da manhã quando a manhã ainda é noite. Não atende a passatempos e urgências. Exige dedicação.

Quem se aproxima do figo não volta cedo. O figo oferece a intimidade da espera entre as cortinas. O figo são os pelos loiros dos telhados. Como o amor, é macio. Como a mulher, é sensível. Completa o ouvido do ramo com a independência de um brinco. Não se dispersa a exemplo do colar.

O figo é o chapéu, não a esmola. Tem pescoço de um violino. O caule o mantém aceso entre os dois mundos.

O figo não mente o seu desejo; mente a sua idade. Em nenhum momento se arrepende de ter sido.

Ai meu Deus, ai meu Jesus 115

QUANDO ELA GOZA

Depois de amada, estendeu seu corpo ainda tremendo.
Quase chorava de tanto que se expulsou.
Quase chorava de tanto que se recebeu de volta.
Não me aproximei. Não podia interferir em sua solidão. Dizer o quê?
Não podia me aproximar de sua solidão. Dizer o quê?
Seus músculos ainda estalavam, o sangue aquecia os ouvidos. Dizer o quê?
Qualquer palavra é intrusa. A boca eram seus cabelos boiando. Dizer o quê?
O homem deveria se distanciar depois que a mulher goza. Não tomar para si a glória ou o prazer. Não reivindicar autoria. Não sujar a parede com a sua letra. Não cobrar o que não nasceu dele. Deveria ter pudor de pálpebras que se fecham para imaginar.
É ela e seu corpo redimidos.
É ela e seu corpo abraçados.
É ela e seu corpo alinhados como joelhos.

É ela devolvida a si, devolvida às alegrias proibidas, às alegrias de quando se tocava em segredo.

É ela e os medos superados, a culpa liquidada, os seios observando as janelas. A rua da cintura, e a chuva, para não andar, para ficar debaixo das marquises esperando passar.

O homem deveria sentar em uma cadeira ao longe, como se fosse um milagre e lhe faltasse fé para reconstituir os detalhes.

O homem não deveria estragar com a sua presença aquele momento, mas silenciar, esquecer os comentários, jejuar os dentes, reprimir o ímpeto.

Nenhuma brincadeira, nenhuma certeza, nenhuma crença.

É difícil desaparecer, sei que é difícil.

Homem, não lhe resta outra opção!

Desapareça estando ali. Nenhum movimento brusco, não procurar água, a sede, o casaco.

Desapareça aos poucos para que ela, enfim, se veja dançando para Deus.

NÃO SOFRA COM A VERDADE, AMPLIE SEU DOCUMENTO

São técnicas 100% naturais, que não dependem de aparelhos, cirurgias e remédios. A partir de exercícios de convencimento fisioterápico com as palavras, você conseguirá fenomenal melhora na circulação sanguínea em seu p., aumento de até 10 cm no comprimento e reforço adicional na espessura. Preste atenção no método revolucionário, aplicado por mulherengos como Trotski, Serge Gainsbourg e Woody Allen, feiosos famosos e de reconhecidos dotes discretos. O trio foi usuário da estratégia, e a prova viva de que sexo é arte.

Mulher não exige que o homem tenha um p. grande, mas que tenha atitude de p. grande. Postura de p. grande. Intensidade de p. grande. Reivindica amor de p. grande.

Sexo é peso pesado. Obrigatório desvestir o roupão jurando que é pesagem do UFC.

Sexo é superlativo, ão pra cá, ão pra lá. Garanhão, gostosão.

Pode apreciar música clássica na sala, jazz na varanda, rock na cozinha, porém sexo é funk e pagode. Para funcionar, as letras são as piores possíveis, as rimas põem Chico Buarque em desespero. Metáforas apenas provocam traumas, vá que a pessoa não entenda algo e comece a chorar pensando que não gosta dela.

— Você é delicado comigo, suave, nem parece que está entrando.

(Não é um elogio da sua competência, ela acabou de avisar que não sente nada, entendeu?)

Espera-se frases óbvias, pedidos de clemência ou incitação à selvageria, para desfrutar da impressão verbal que maneja um guindaste portuário.

A comunicação não admite erro.

Sexo é persuasão. Não entraremos na cama para fotografar, mas para imaginar e delirar. Quando fechar os olhos, aumente seu p. Fantasia não tem pedágio.

Sexo é épico, destinado a grandes batalhas e lanças. A palavra é mais fundamental do que o corpo. A palavra é o corpo.

O essencial é que um dos dois do relacionamento não acredite que o instrumento é pequeno. Que seja logo você. Não conte com a generosidade dela.

É óbvio que ela verá aquilo que você é, mas não deve se desculpar por antecedência, desista da régua de algumas sentenças como "mais vale um pequeno brincalhão do que um grande bobalhão". É assinar o atestado de óbito. Quem diz isso tem menos do que 12 cm. Quem diz isso avisa de cara do seu complexo de inferioridade. Quem diz isso não carrega uma pasta, e sim uma merendeira.

Explicar sexo somente no caso de impotência. Sexo é ação.

Não se acovarde com a zombaria. A atitude de p. grande afasta o bullying. A parceira observará seu p., escutará o que

Ai meu Deus, ai meu Jesus 119

você fala, revisará o seu p., ouvirá de mais perto, ficará intrigada com sua fé, e prometerá mentalmente procurar um oculista. Achará que ela é que está errada e tratará de compensar a protuberância invisível da sua natureza com caprichos de uma gueixa.

Melhor propaganda enganosa do que calúnia e difamação.

Não subestime o poder de negação.

Se ela tirar uma imagem do seu p. da câmera do celular, argumente que faltou zoom. Se ela gravar em vídeo a transa, culpe o amadorismo da gravação.

Imbatível até hoje o combinado de forças entre o poder da negação e o poder da afirmação.

Afirme diante do espelho:

— Tenho um p. grande.

Negue diante dela:

— Não tenho um p. pequeno.

Todo mundo receia ser louco, todo mundo teme perguntar demais e ser inconveniente. Sua insistência abalará qualquer certeza.

Seja orgulhoso.

Recorde de Davi, do Michelangelo. Aquele nu frontal é constrangedor. A mais famosa estátua do mundo tem um p. infantil. Mas seu semblante é de guerreiro, visionário, mirando longe, alheio a pormenores.

Com a convicção de que não é avantajado, não se entregue fácil. Minta para si e para os outros. A verdade — tanto quanto a mentira — estraga o suspense.

Não há documento que não possa ser ampliado pela estima.

A confiança é que torna o macho superdotado. Jamais se envergonhar, não menosprezar os centímetros de sua volúpia.

Pare de se lamentar e fugir da convivência. Confira ações que aumentarão sua escultura. Aposte na incoerência. Aja exatamente ao contrário do que costuma agir.

a. Não use a casinha dos banheiros, mije no mictório e, de preferência, no meio para mostrar autoridade;

b. Brinque quando ela fala sério, fale sério quando ela brinca. O desacordo favorece a tensão e hipertrofia o interesse;

c. Ponha sunga branca para ir à praia, despreze bermudas e aquilo que serve para esconder o volume;

d. Numa festa entre amigos, seja o primeiro a ameaçar o strip. Impossível raciocinar que um exibicionista possui p. pequeno;

e. Nunca transe no escuro. Acenda todas as luzes, inclusive compre refletores. No palco, o ator não enxerga o público. Portanto, ofusque sua plateia;

f. Tire uma por uma das peças com lentidão de filme de Jean-Luc Godard. Comprovado que ninguém aguarda o homem se desvencilhar da cueca.

g. Conte histórias sexuais, crie personagens e situações excitantes durante o ato. Guie sua parceira no jogo de provocações. Aproveite para engrandecer seu corpo.

h. Faça questão de sexo oral, para não restar dúvidas do disfarce psicológico.

O CRÉDITO-MINUTO

Não tenho psiquiatra, terapeuta, psicanalista. Eu seria funcional, narrando o que presta. Nenhuma vontade de impressionar. Confundiria sendo transparente.

O único psiquiatra de minha vida durou quarenta e cinco minutos. O nome dele era Zacarias. Numa época em que esse nome fazia sentido.

Na minha primeira consulta, recebi um formulário para completar. Dentre as perguntas, recordo uma: se eu gostava de homens.

Olhei para a pergunta, ele olhou para mim; eu olhei para a pergunta, ele olhou para a caneta; e nunca mais nos enxergamos.

Respondo hoje: gosto de homens. Qual o problema?

Todo homem mesmo gosta de homens. Tenho um filho homem e o amo. Deduzia que, se assinalasse um x naquele quadradinho estúpido que sonhava ser um triângulo, ele despejaria conclusões que não são minhas. Eu não concluo, eu vivo.

E não funciona terapia comigo; fico adivinhando o que o terapeuta está pensando de mim e esqueço de pensar por mim.

Eu seria o analista do analisado. Um romancista diante dele. Não falaria, ditaria frase por frase. O terapeuta seria meu datilógrafo. Meu calígrafo. Quando contamos algo, já é ficção. A memória é muito quieta.

Não que não me faltem problemas, minhas gavetas perderam os puxadores. Devo ser muito doente. Mas um doente organizado, sociável e, na maioria das vezes, simpático.

O confidente que procuro é o Lacaniano de Passo Fundo.

Ele me concede sessões de graça. Ou quase; pede bourbon. Três doses de bourbon. Não adianta discutir com ele, uísque feito de milho é bourbon, não é uísque. Mesmo que sentencie que bourbon é uísque de milho.

Ele só bebe em serviço. É rude, com uma barba que quase entra pelas olheiras. Não faz firulas, nem diz: pode entrar ou como foi a semana. O cara tem problemas demais para ser educado.

Põe o dedo no meu rosto com a ameaça de um olho mágico. Dispensa relógios e traz uma bússola que fica girando sem a maternidade da mata. Prevenida e avara, a bússola dele bebeu antes em casa.

O Lacaniano adianta o que nem pensei. É tão bom o pensamento dele que adoto. Sucessor do Analista de Bagé. Inventou o cotovelaço, tranco aperfeiçoado do joelhaço e mais imprevisível. O cotovelaço precisa da altura de uma mesa de bar para surtir efeito. Assusta o interlocutor de forma desprevenida. Pelo visto, o Lacaniano é uma sumidade na dor de cotovelo.

Parte do princípio de que verdade que é verdade está rodeada de pequenas mentiras para protegê-la. Quem não mente desconhece até o que é verdade e a deixa vulnerável.

Meus braços estão roxos. Complicado explicar para minha mulher os hematomas.

Tudo é ilustrado por animais. Ele tem o Método National Geographic de Psicanálise Freudiana. Ao relatar que estava com vontade de gritar o que sentia, girou seu copo e, compassivo, explicou:

— Natural, é próprio do macho. Conhece o barulho das cigarras?, e imitou: — Ihnihnihnihn.

— Professor, as pessoas estão reparando... Eu lembro

— Unicamente as cigarras macho são barulhentas.

— Mesmo?

— Para chamar as fêmeas.

Ele nunca esclarece a relação, sempre o considero mais sábio do que meu próximo questionamento.

No último domingo (ele atende exclusivamente nos finais de semana), expôs sua tese sobre o amor masculino, a qual denominou de "crédito-minuto".

De acordo com sua visão, a fantasia masculina é feita de rompantes. Ele observa uma desconhecida e ama aquela desconhecida por alguns minutos, transforma aquela desconhecida numa lenda instantânea, insuportavelmente inadiável. É o fetiche do detalhe. O estalo pode ser provocado pelos lábios carnudos ou pela marca de nascença nos ombros.

Algo que as mulheres não compreendem. Como o homem deseja com tanto vigor num momento e desaparece no seguinte?

Reproduzindo suas palavras, a mulher tem um amor infinito. Ela deseja com constância, deseja a constância. O homem está mais preocupado com o impulso, o homem é o impulso. Ela deseja conhecer a vida do homem para depois alçá-lo à condição de homem de sua vida. O homem transforma uma estranha em mulher de sua vida para depois conhecer a mulher.

Mais não conto porque já estávamos bêbados.

SEXO DEPOIS DOS FILHOS

Felizes são os pais. Insones, madrugadores, boêmios do leite quente dos filhos. Felizes são os pais que não amam por amar; amam com violência e vontade, vencendo o cansaço, o sono e as dificuldades de estarem sozinhos. Felizes são os pais sempre interrompidos pelos filhos pequenos bem na hora em que a preliminar aqueceu. Felizes são os pais que insistem em recomeçar, quando a maioria das pessoas dormiria e desistiria. Felizes são os pais quando a criança bate à porta e atendem com generosidade e disposição. Felizes são os pais que chegam a rir da visita inesperada. Felizes são os pais que têm humor e não são incomodados pela vida. Felizes são os pais capazes de transas mais longas do que os apaixonados, em capítulos e com intervalos para comentários. Felizes são os pais que acumulam tesão e não deixam nenhuma região da pele sem a cortesia do beijo. Felizes são os pais que pintam a nudez com quatro mãos. Felizes são os pais que colocam a tevê alto para despistar e abafam os gemidos. Felizes são os pais que descobrem os pontos de maior prazer pela mímica. Felizes são os pais que tapam a boca um do outro como um ladrão, para que a alegria não fuja do corpo. Felizes são os pais que estremecem a cama e as paredes em pequenos abalos sísmicos. Felizes são os pais obrigados a fingir os olhos fechados para liberar a casa. Felizes são os pais com segredos de toques e carícias, sinais e acenos clandestinos, que apenas os dois entendem. Felizes são os pais que afastam os medos, pesadelos e fantasmas de seus pequenos com histórias da infância. Felizes são os pais que não desperdiçam a sensualidade ao mudar de assunto e reservam confidências selvagens para a concha dos ouvidos. Felizes são os pais com corredores compridos para ganhar tempo de se recompor. Felizes são os pais que dormem nus e se deliciam com o esbarrão no escuro. Felizes são os pais que acampam em sua própria cama, com lençóis levantados. Felizes são os pais que arrumam desculpas estranhas para explicar aos filhos o que estão fazendo. Felizes são os pais que vigiam sua felicidade e se previnem de gentilezas. Felizes são os pais sem pudor de lamber, chupar, morder, arranhar, provocar a carne para que cresça nas palavras. Felizes são os pais que não diminuíram suas fantasias pelas responsabilidades assumidas. Felizes são os pais que não assassinaram o amor pelo hábito de acordar junto, que reabilitaram o amor pelo hábito de esperar para dormir junto.

Felizes são os pais.

TODO CASADO POR MUITO TEMPO É TARADO

Quando alguém confessa que está casado há 30 anos, ataco:

—Tarado!

Ele tenta se explicar, logo repito:

—Tarado!

Ele gagueja, e gesticulo com o dedo:

—Tarado!

Ficar com a mesma mulher todo dia é obra de maníaco sexual. Não tem o que acrescentar. É safadeza em demasia. Sério, sem brincadeira, o homem casado é um pervertido. Deveria ser preso por atentado ao pudor. Não poderia sair por aí espalhando o exemplo.

Há a crença equivocada de que o solteiro dispõe de um harém, que pode sair livremente e aproveitar sua sexualidade sem dar satisfação. Que nada. O solteiro não larga a primeira marcha — ao engatar a terceira e correr um pouquinho, já troca de caso e necessita conhecer o percurso inteiro de novo.

O casamento é a porta dos sentidos, a autêntica libertinagem, o elo perdido do Marquês de Sade.

Sabe mais sobre sexo quem transa com a mesma mulher durante décadas do que aquele que tem uma diferente a cada manhã. É como jogador de futebol, que atua muito melhor com a sequência de partidas.

Mulher não é diversidade, é permanência. Ela se solta ao longo da convivência, impõe seu ritmo lentamente, até formar um estilo para se vestir e outro para se despir.

Depende de tempo para expor suas fantasias. Afortunado é o que não se separa antes dos cinco anos.

Com a intimidade, sua companhia realiza acrobacias inacreditáveis, transforma as janelas em trapézios; os trapézios, em escadas de incêndio.

Uma mulher devota é capaz das maiores obscenidades. Porque o amor tira a culpa, o amor elimina o preconceito, o amor não sofre de nojo.

Uma mulher devota enlouquece o marido. Cria suspense na hora certa, desarma o ciúme no último minuto. Tem informações privilegiadas sobre a vítima: conhece seus pontos fracos, o lugar do arrepio atrás do ouvido, onde tocar para acelerar ou retardar o prazer, o que falar para enervar o silêncio.

Uma mulher devota é irresistível, rodará a casa por um afago, estará reaproveitando os suspiros do dia nos gemidos de noite.

Uma mulher devota desfruta de segurança no relacionamento para correr riscos no quarto.

Vá se acostumando com a ideia: sua esposa humilha qualquer profissional, pois entra na cama para ganhar, não joga

Ai meu Deus, ai meu Jesus 129

amistoso, não faz cera, não tem interesse a não ser o próprio orgasmo.

Sua esposa que é pornográfica. Ela dedicará absoluta atenção na transa, a atenção cristalina que vem da carência. Nada passará em branco, nada será esquecido.

As insanidades indescritíveis são experimentadas no matrimônio. Os casados são bando de loucos, irresponsáveis.

O altar perdoa a cama.

NÃO DEIXE PARA DEPOIS

Os casais esperam a noite para o sexo. O sexo como recompensa de um dia movimentado de trabalho, da maratona com as crianças, de uma série de pensamentos cortados. É a pequena glória da intimidade diante das conversas apressadas e da ânsia em resolver as pendências diurnas.

Alisar os pés, ouvir, ser ouvido, beijar longamente, aquecer a porção da pele dentro da boca.

Mas a televisão está ligada e um programa despretensioso suga atenção mais do que o previsto.

Mas o filho demora a dormir e não faz por mal, conta histórias inacreditáveis da escola, e seu cheirinho de borracha nova impede de soltar o abraço.

Mas toca o telefone e você atende num ato reflexo, é um grande amigo que não aparecia há séculos, e entabulam um manancial de fofocas sobre vivos e fantasmas. Impossível desligar.

Mas o nervosismo de decisões sobrepostas no emprego produz — agora no alívio do quarto — uma enxaqueca inesperada que parece desculpa para não transar.

Ai meu Deus, ai meu Jesus 131

E você, por mais bem-intencionada, por mais que tenha aguardado com banho tomado e perfumada, por mais que a lingerie nova e sexy aperte a bunda, por mais ninfomaníaca que seja, não trepa!

Cancela o desejo; e novamente acontece um dos contraceptivos intelectuais acima; e vem o dia seguinte e o dia seguinte.

Quando percebe, está por três semanas a seco com o marido.

Os casais não podem mais confundir o sexo como prêmio da quietude. Quando a casa acalmar, e ninguém mais incomodar.

Sabemos que é o ideal, só que o ideal demora ou nem acontece.

Ou os dois vão dormir ou não suportarão o próprio cansaço.

Uma coisa é teorizar, outra é contar com a sorte.

Não ajuda a mania de ter controle sobre o mundo e de planejar os incidentes. Por palavra ou esgar, o casal cobrará entre si a demora, a falta de tato, os adiamentos.

Alguém lamentará: — Você não me ama mais.

Alguém responderá: — É você que não me espera.

É uma lição que os amantes já aprenderam. Melhor perder a idealização do que a gula. Romantizar é antecipar, não deixar para depois.

Aliás, os casais deveriam revolucionar os hábitos e passar a transar de tarde, no intervalo do almoço, na trégua da tarde. Rapidinhas ou não. Deixar os amantes sem quarto em motéis. Deixar os amantes nas ladeiras, com o freio de mão puxado. Colocar latinhas na parte traseira do carro para produzir barulho de lua de mel. Encher os estabelecimentos em sequência com os letreiros de "lotado". Não esperar a hora mais apropriada, namorar como no início da relação, voltando para casa de modo imprevisto, abrindo frestas, surgindo da neblina, desmarcando reuniões.

E, de noite, desobrigados, aí sim, se surgir clima, será uma recompensa.

AUMENTE SUA DELICADEZA

Nunca vi uma mulher ou um homem gostar sem criticar.

O embaraço do sexo não decorre da ausência de intimidade, mas da intimidade. E da cobrança que vem com ela. Mais fácil gozar com estranhos.

Depois de partilhar meses e cadernos de jornal com nosso par, abandonamos o elogio. Passamos a cobrar e expor os defeitos para que sejam corrigidos. É o cigarro, é a alimentação, é a distração, é o pouco caso com o dinheiro, é a indeterminação do trabalho, é a preguiça. A convivência traz a preocupação com o namorado ou a namorada e uma esquisita vontade de interferir. Entre conhecer e mandar, é um passo. Ou um tropeço. As mais duras agressões não provocam hematomas, ocorrem em nome da sinceridade.

O amor é confundido com pancadaria. Um teste de resistência. Uma prova de esgotamento nervoso. Se o outro não quer, que vá embora, e desista do prêmio maior que é a confiança.

Há uma visão sádica que não ajuda nem o masoquista. Falta medida. Falta parar e recomeçar o namoro. Falta esquecer e perceber que o próprio passado não é imutável, não existe certo ou errado, e que nem tudo, por isso, é duvidoso.

A eficácia mata o erotismo. O aproveitamento total do tempo do relacionamento não colabora com a vaidade. Custa um agrado antes de transar? Uma meia-luz de palavras?

Não estou pedindo para mentir, muito menos fingir, mas falar um pouco bem para acordar os ouvidos e despertar o interesse.

No início, os joelhos são venerados, os cabelos são alisados com a decência de um espelho. As expressões afetuosas vão e voltam, repetidas com diferentes timbres. Todo homem no começo é, ao mesmo tempo, um tenor, um barítono e um baixo. Toda mulher no começo é, ao mesmo tempo, uma soprano, uma mezzo e uma contralto. Dependendo da região que toca, a voz muda.

Com a relação firmada, a excitação torna-se automática. O corpo tem que pegar no tranco.

A devassidão é trocada pela devassa terapêutica. Desculpa e por favor saem de moda. Como existe o trabalho, a casa, o dia seguinte e terminou a paixão (e somente os apaixonados são sobrenaturais e não sentem cansaço), o sexo pode ser mais prático, mais direto, pode até não ser. Na cama, estaremos falando dos problemas, das contas, do que deve ser mudado na personalidade. Não encontraremos paciência diante do relógio. Não vamos procurar cheirar a pele para atrair o beijo.

Eu compreendo perfeitamente quando um homem broxa se a cada instante é lembrado de sua barriga. Eu compreendo perfeitamente quando uma mulher decide dormir se a sua lingerie nova não foi reparada.

Nunca acusamos quem a gente não conhece.

Julgamos, infelizmente, quem vive nos absolvendo.

BANHO DE LÍNGUA

Não suporto a ideia de homens que mal deixam o corpo da mulher e logo vão tomar banho, logo querem se afastar daquele ato e se desculpar pela impetuosidade. Lavam a boca para escorrer ao longe as palavras e as frutas. Lavam as pernas da boca.

Levantam como um ritual cumprido, um ofício, um trabalho, e desejam apagar o desejo. Eliminar os vestígios, os sinais, a saliva em seu corpo. Esfregam com o sabonete a língua, o gozo, os odores fortes de montanha. Esfregam-se de pudor.

Fazem desaparecer o suor que os pássaros só encontram em sua plumagem depois do voo. Desejam suavizar os arranhões e recuperar a aparência. Desejam sair bruscamente do quarto porque não suportam o prazer depois do prazer. O prazer depois do prazer é levitação, é feminino.

Que não se deitam mais para recomeçar, que não dormem agarrados com a nudez dela a completar os seus músculos, que não preparam uma fogueira com as unhas nos cabelos dela, que não suspiram após gemer. Que não ficam a conversar sobre as distrações da infância, a conversar à toa sobre os planetas que não foram descobertos, a rir dos vaga-lumes histéricos fora de casa.

Que não afundam a respiração nas cobertas e nos travesseiros, que não inspiram o vinho antes de beber. Que desertam no momento em que encontraram um sentido. Que se arrependem de seus instintos e colhem as calças, as meias, a camisa e o medo do chão.

Não suporto homens que não tomam o cheiro de sua mulher como seu próprio cheiro. Que repelem a permanência, a toada, a constância, que se irritam com uma intimidade que não seja movimento e sexo. Que se lavam como se tivessem pecado e se apressam em reconstruir as frases.

Que trocam o corpo imediatamente como quem troca lençóis, trocam o corpo como quem troca de roupa, trocam o corpo como quem troca de rua. Que ajeitam a cena e procuram as horas e as chamadas não atendidas no celular. Que se veem culpados pela masculinidade, por revelar suas fraquezas. Que encurtam os braços nas portas e desistem de esculpir o pelo nas curvas. Que são outros, frios e indiferentes, ao deixar a cama.

Eu não me sinto sujo depois do sexo. Eu me sinto limpo, eu me sinto perfumado, eu me sinto enredado de nascimento. E não darei tão cedo minha memória para a água.

É ADORÁVEL UMA MULHER TODA NUA DE MEIAS BRANCAS

Tomar café não me desperta. Bebo pelo cheiro. Invento de acreditar que funciona por superstição. É somente um apoio moral e reconfortante para enfrentar a semana. Alheio às pesquisas científicas, bocejo na fumaça. No terceiro gole preto, fico com mais sono. Reativo a preguiça da noite anterior e o impulso é voltar para a cama. Esqueço que acordei. Sou o efeito colateral do café. Ele deve ser menos agitado do que eu.

Um outro tabu é transar de meias. Se confessar aos meus amigos que gosto de mulheres assim, vão contar que sou louco.

Quem determinou que é errado? Por que elas são mais pijama do que acessório?

Não enxergo as meias como inibidor. Elas me excitam. Meias altas, soquetes, 3/4, meias baixas, 7/8, meias-sapatilha, um tipo de meia para cada dia. Eu gosto tanto de olhar os pés quanto de imaginá-los. Identifico-me pedólatra do escuro.

Transar de meias não é mania de velho. Caso fosse, o velho não viveu em vão.

Não pode ser considerado costume de travado. Travado é não encontrar beleza em sua síntese de pluma.

Nas meias, um recato que me deixa mais malicioso. Um resguardo que amplia a vontade de transgressão.

Sem meias, não há mais nenhuma peça a depor. As meias guardam o mistério. Não apressam o fim. É como se o início não terminasse.

Agradáveis, ainda que — como representantes discentes da roupa — permaneçam e sejam testemunhas da devoção.

Meia é ter caráter na cama. O que mais me incomoda é a falta de opinião. "Não sei", "você que sabe" e "se quiser" são expressões insuportáveis no quarto.

Não constranja a mulher a tirá-las, muito menos fique esperando uma atitude. As meias já são uma atitude.

O amigo Mário Corso me telefona durante o texto. Ao descobrir o assunto, confidencia:

"As meias são os saltos altos que restam para a mulher na cama."

Exato, eu disse que precisava desligar e retomar aqui. A elegância dos saltos continua com as meias. Prossegue. É o que a mulher pode levar dos seus sapatos. Uma mulher transando de meias está soberanamente calçada. Não existe homem que a diminua. Nem fantasia que a complete. As meias são a fantasia. O cadarço do lençol. As unhas brincando de fantoches.

Os pés vendados se desdobram para nos achar. "Os pés vendados", que assombro, para perder o chão. Tontura que não se iguala a tapar os olhos.

Proponho lançar a campanha "Respeite sua mulher de meias". No inverno gaúcho, faria sentido.

Meias não são um insulto, são a confiança das pernas. Para deitar com uma mulher de meias, deve-se conquistá-la inteiramente. Não é para qualquer um. As meias são um anel de noivado dos amantes.

Há mulheres que estão mais despidas com os pés cobertos. São mais desnudas com meias.

Transar de meias não será grosseiro, não insinua repressão.

Meias no frio, pele no verão.

É adorável uma mulher toda nua — ou quase — de meias brancas. Os pelos realçados pelo contraste. A moldura do quadro. O jogo avançando. Uma cinta-liga dos pés.

Transar de meias é pisar em silêncio. A lã aprende a ser corpo.

Amor não pede licença, amor é a própria licença.

A verdadeira libertina transa de meias.

FANTASIAS ESPECIALIZADAS

Não estou me referindo a enfermeiras e empregadas fingidas. Comprar a touca, o avental e um espanador de pó é muito fácil.

Todo homem tem uma fantasia sexual especializada. Recatada, refinada, alimentando o pressentimento de quem um dia será presenteado com sua realização. Tara da infância que foi adiada e assumiu uma proporção épica de expectativa. Afinal, ninguém esquece o que nunca conseguiu fazer. São anos ruminando em segredo, aperfeiçoando o filme, armando desenlaces. A aspiração pode atravessar um, dois, três casamentos, e animar mais a velhice do que um carteado.

O amigo Ítalo, por exemplo, preserva uma queda imponderável por repórteres de tevê. Não sabe bem explicar se é o poder do microfone dela ou um voyeurismo manso, de estar com quem os telespectadores desejam. O caso é clínico. Ao descobrir que a menina é repórter, seu traços assumem a rapidez de história em quadrinhos e derruba meio frasco de perfume em sua gola. E tem que ser repórter de tevê, não de jornal ou de rádio. Tevê!

Aspira trepar enquanto é retransmitido o noticiário com sua participação. Ela — ao mesmo tempo — aparecendo na tevê e com ele na cama. Doente? Nem tanto, bem normal perto de aberrações pornôs nas locadoras. As fantasias apresentam restrições, senão não há graça. Não pode também ser editora ou chefe de reportagem. Quando a profissional recebe promoção e deixa o trabalho de campo, ele se desinteressa e desaparece.

Um outro colega de trago, Luís, agora nutre um fulminante interesse por alunas de power stretch dance. Já experimentou a fase da dança do ventre e de salão. Desenvolve roteiros de aproximação ao longo da tarde, principalmente nas reuniões de trabalho em que finge escutar seu sócio. Muda seu caminho para assistir, de um café, àquelas acrobacias maravilhosas das dançarinas de colante. Entrou em uma sessão como convidado, mas aluno-convidado é entregar os pontos de que é um depravado, movido por motivos escusos, pouco interessado em melhorar sua forma física e memorizar os passos. Foi desmascarado na primeira música.

Convivi com um sujeito alucinado por uma gari. O uniforme laranja o excitava. Tentou algumas abordagens, sem sucesso. Uma vez fingiu esperar um ônibus e puxou conversa sobre o tempo. Não recebeu resposta meteorológica. Em outra, desferiu uma ofensiva mais agressiva, ofereceu-se para segurar a pazinha. Terminou corrido como um cão sarnento.

Minha ambição é pelas tenistas. Insultado de paixão pelas vestimentas mínimas e despojadas. A minissaia e meias brancas, e a camiseta fina. O arrebatamento pelas posições acidentais, quando apanha uma bolinha e entreabre suas coxas para a claridade da pista de saibro. Ou quando se esparrama na cadeira, exausta, a tomar água nos intervalos dos games, e engole mais do que sua boca permite, criando um córrego entre os seios. Ou nos seus pulos de esforço, a pele bronzeada, as canelas esticadas ao máximo e o vento secando o suor das roupas.

A tenista é uma colegial adulta. O internato dos meus devaneios. Não há problema em aguardar. Não vou aprender a jogar tênis e perder a fantasia.

NÃO SE COME UMA MULHER

Já ouvi muito que sexo não é seguir a cabeça e deixar as coisas acontecerem. Sexo seria não pensar. Não concordo, sexo não é inconsequência, é consequência da gentileza. Consequência de ouvir o sussurro, de ser educado com o sussurro e permanecer sussurrando. Perder o pudor, não perder o respeito. Perder a timidez, não perder o cuidado.

Sexo é pensar, como que não?

E fazer o corpo entender a pronúncia mais do que compreender a palavra. Como se não houvesse outra chance de ser feliz. Não a derradeira chance, e sim a chance.

Uma mulher está sempre iniciando o seu corpo. Cada noite é um outro início. Cada noite é um outro homem, ainda que seja o mesmo. Não se transa com uma mulher pela repetição. Seu prazer não está aprendendo a ler. Seu prazer escreve — e nem sempre num idioma conhecido.

Ela pode ficar excitada com uma frase. Não é colocando de repente a mão na coxa. Ela pode ficar excitada com uma música ou com uma expressão do rosto. Não é colocando a mão na sua blusa. Mulher é hesitação, é véspera, é apuro do ouvido.

Antever que aquelas costas evoluem nas mãos como um giz de cera. Reparar que a boca incha com os beijos, que o pescoço não tem linha divisória com os seios, que a cintura é uma escada em espiral.

É comum o homem, ao encontrar sua satisfação, recorrer a uma fórmula. Depois do sucesso na intimidade, acredita que toda mulher terá igual cartografia, igual trepidação. Se mordiscar os mamilos deu certo com uma, lá vai ele tentar de novo no futuro. Se brincou de chamá-la de puta, repete a fantasia interminavelmente. Assim o homem não vê a mulher, vê as mulheres e escurece a nudez junto do quarto.

Amar não é uma regra, mas sim onde a regra se quebra.

Não se come uma mulher, ela é que se devora.

ADIVINHANDO

O que está fazendo? Eu deixo de viver para me concentrar melhor naquilo que está fazendo. Não pretendo me distrair de pensar o que está fazendo sem mim. Minha ocupação é imaginar se está lendo neste dia de chuva, com as pernas para cima do sofá.

Qual será o livro? Estará gostando, com receio de que termine, ou detestando, já questionando se vale a pena continuá-lo. Se bem que, em dia de chuva, nenhum livro termina, todos os livros começam.

Qual é a cor de sua solidão? Creme, igual às paredes de sua infância? Você come verdura por obrigação? Ou se acostumou a esquecer o gosto pelo tempero?

Não atendo o telefone, não vou me dispersar em adivinhar o que está fazendo. Qual roupa escolheu, ou apenas recolheu uma coberta sobre os ombros, como uma afogada ainda traumatizada pelos últimos pensamentos? Será que você está ansiosa ou cansada? Invejo a lenta aproximação da claridade em seu pescoço, fazendo seu perfume subir à superfície com mais fragor.

Já foi ao banheiro? Você me ensinou a arte de aguardá-la na porta de um banheiro. Eu aprendi a esperá-la. O homem aguardando sua mulher no corredor é sempre um tarado. Ao fingir que não é tarado, termina sendo mais suspeito.

Na verdade, sou tarado por sinais. Um gato no muro, um carro com alto-falante vendendo frutas, pássaros ofendendo os vizinhos são carteiros de seus pressentimentos.

Tanto que estou procurando definir se está pensando em mim com a mesma frequência com que vai à cozinha para deixar uma xícara suja.

Seu pé está gelado, você observa o par de meias e vê que uma unha está arranhando o tecido. Pega uma lixa, irritada que é domingo e o salão está fechado. Uma unha fora do lugar estraga a harmonia. Desiste, e tenta procurar o par de brincos verdes. Brincos ajudam a escutar melhor. É uma aldrava de janela. Você acha graça do que disse, repete: "Brinco é uma aldrava de janela." Olha ao lado, não estou.

Quantas frases eu guardei para um texto só porque você riu? Eu achei que eram importantes porque você riu. Você ri e eu acho importante, eu me acho importante porque me assiste.

Nesse momento, eu adivinhando o que está fazendo coincide com você imaginando o que estou fazendo. É quase como estar junto.

Nossas ausências são tão improváveis que se negam ao mesmo tempo. Seu sofrimento é educado, não vulgariza a dor a ponto de expulsá-la. A dor é mais um cachorro pela casa. Você mexe no computador, lê alguns e-mails antigos que mandei, caça algo que não revelei, você me corrige, me legenda e não

 CARPINEJAR

chega a nenhuma conclusão. Eu sou seu silêncio submisso. Um silêncio que não a desespera quando estou longe. Em sua companhia, minha mudez a atormenta. Eu tenho que estar falando e me explicando para que não me perca. Se não falo, eu a vejo me procurando enervada. "Onde está com a cabeça", "Onde está com a cabeça?" Você ama minha falta de palavras, mas não consegue sustentá-la.

Confia que meu silêncio a trai. Mas meu silêncio é quando sou mais fiel. Quando não brigo.

O que anda fazendo que não sei? Será que está alegre e despreocupada, nem aí para qualquer distância? Duvido, sua boca é muito vaidosa para não me mastigar.

Você me assusta. Pode explodir com uma conversa com a mãe, uma conta atrasada. Pode explodir sem motivo. Você me assusta porque encontra o escândalo unicamente no amor. Fora dele, é discreta e reservada. Fora dele, não a conheço.

Vive me ameaçando, me pressionando, me provocando a nadar somente com os pés. Sua alegria é um surto. Sem licença e vergonha.

Pede para que espalhe a porra pelo seu corpo. Pelos seios. Pela cintura.

Você me engole com raiva. Eu sou seu, só seu. Mesmo quando não estou ao seu lado.

NÃO ESQUEÇA O CASACO

Todo homem ajuda a despir a mulher, todo homem tem pressa pela nudez, todo homem é ansioso pelo sexo, pelo seio, pelo corpo aquecido; como é solícito o homem para tirar a blusa, tirar a saia, tirar.

Nem precisa pedir, ele já veio. Não se perde. Não se atrasa em seu próprio sangue.

Para despir, o homem faz tudo certo, tudo exato, tudo educado e incisivo, tudo preocupado e generoso, é capaz de conversar cada assunto até o fim, mesmo que não goste. É capaz de conversar calado. Se o homem amasse com a mesma vontade com que tira as roupas da mulher.

Todo homem pretende se aventurar no declive, no recuo, na bondade do cheiro.

O homem nasceu para a recompensa, o sexo é sua recompensa, quer ser premiado pelo sexo, premido pelo sexo, não se duvidar pelo sexo, envaidecer-se pelo sexo. O homem acelera o zíper, desliza o pescoço como um fecho. Abre os braços em gola. Debrua a linha.

CARPINEJAR

Do frio ao figo, do figo ao fogo, do fogo ao filho, sem retorno. Não tem certeza se vive ou morre, mas não deixa de avançar.

Desenrola a trama, destranca a porta, destrança as redes com cuidado noturno. Solta os cabelos dela: duplica-se na ternura.

Aprendemos a descolar o sutiã com o estalo de dois dedos, a puxar a calcinha com os pés, a beijar e soprar ao mesmo tempo, a dizer luxúria como se fosse simples, abafar a voz para gemer mais rápido. Fazemos no escuro, fazemos de olhos vendados, fazemos de costas, fazemos com os dentes.

Se necessário, somos facas, somos forcas, somos fracos.

Não subestime, somos exercitados a espiar com as unhas. Não há vestido que nos pregue peças. Não nos assusta o inverno e suas camadas de lã e suas camadas de segunda pele. Não nos incomoda o legging, as botas, os casacos com botões internos. Não pediremos explicações, não há mistérios que não sejam treinados. Enquanto beijamos, desvestimos. Enquanto passeamos, seguimos, obedientes, o novelo.

O homem é preparado para arrancar as roupas, para veranear no quarto. Para escutar o mar pelo vento das venezianas. O homem é a febre, o desejo infantil de ter logo, de ser logo, de não esperar o próximo assobio, o próximo ônibus, o próximo pensamento.

Natural e comum o homem que ajuda a despir a mulher. Raro é o homem que ajuda a mulher a se vestir depois.

Ai meu Deus, ai meu Jesus

O ORGASMO FEMININO E O QUINDIM

Minha avó acordava pregando a vontade de comer quindim. Logo cedo, no café, suspirava dedilhando o fundo da porcelana.

— Desejos de quindim, meu neto.

O doce estava vulnerável, feito na noite anterior, e ela não o retirava da bandeja. Não o tocava, sequer em pensamento.

Ela falava dele numa tortura dócil e maníaca. Uma sequência obsessiva. A cada quinze minutos, o quindim aparecia de um jeito em sua conversa, como prendedor de palavras. Desde cedo, o dia ensolarado e ela ia lavar as roupas, mexer na horta, fazer compras, com a camada do quindim enrubescendo as ideias.

No almoço, garantia que terminaria a extravagância da espera.

Mas não, o quindim era a exclamação do final de suas frases. Postergava. Tomava o café e seguia com seus afazeres de pano e paciência.

Simulava que não estava pronto. Simulava aguardar uma jangada para circular nos canais venezianos de gema e açúcar.

A guloseima lembrava um parente distante; ela a arrumar a casa para sua visita.

Talvez a avó não estivesse pronta para o quindim. E não o esquecia e não sofria por lembrar.

Durante a tarde, o quindim permanecia surdo. Na jantar, o quindim ainda imóvel. Ela explicava a receita, o controle do coco, o tempo para construir as paredes cristalinas de seu doce. E não o devorava. Na manhã seguinte, o quindim não mais residia nas grades da geladeira. Ela comeu de madrugada, em segredo, depois de um dia inteiro a mastigá-lo sem os dentes.

Minha avó — e a afirmação cheira a blasfêmia — me possibilitou entender o orgasmo feminino.

A mulher é feita de narração. Ela deve engravidar o desejo. Cortejá-lo, rodeá-lo, ouvi-lo. Não dar conta dele para que ele passe a dar conta dela.

Diferente do homem, a mulher avisa o seu corpo. Prepara seu corpo. Informa seu corpo. Mantém seu corpo atento.

Seu prazer demora porque ela vai mais longe do que o homem. O homem entenderá a mulher caso o seu prazer seja o dela. Nenhuma pressa, não entrar na água, seguir o rio andando pelas margens.

Abandonar mais de uma vez e não finalizar. Abrir um lado da cama ao vento, ao alarido da rua.

Permitir a ela acreditar que não conseguirá após vários adiamentos. Quando ela duvidar, prosseguir. É na desistência que o corpo cresce.

O prazer feminino mente a si. Mente que está chegando e volta, mente que está concluído e volta.

E, quando vem, percebe-se que tudo que voltou não foi desperdiçado.

Ai meu Deus, ai meu Jesus 153

A TORCIDA DOS BAGACEIROS

A mulher odeia ser chamada de "gostosa" na rua, a incontinência verbal do sinal, ser alvo de olhares atrevidos e maliciosos, certo?

Errado. A mulher não irá se envolver com nenhum desses homens, manterá distância, não aceitará sequer a conclusão do convite, mas qualquer chamado sonoro de um estranho a fará recuperar a estima e se sentir bem mais magra do que um pão de sanduíche.

Há homens que estão trabalhando secretamente para os namorados e maridos. Os bagaceiros renovam o sentido erótico adormecido pela bolsa no ombro e pela pressa ao trabalho. Fazem suar as mais incrédulas, borrifam de sensualidade as mais céticas, frígidas e pessimistas. Interrompem o Juízo Final, anulam o fim do casamento, resolvem dívidas e tranquilizam a nudez.

Até supõem que têm alguma chance, mas não estão seduzindo; estão uivando. O jorro escandaloso de suas gargantas não motiva o respeito. Inofensivos, tal animadores em festa de criança. Não serão lembrados, mais um pássaro a cantar no meio de uma migração.

Entretanto, o efeito de seus apelos indecentes reconduzirá a mulher a reavivar o espelho e se reconciliar com a lycra.

"Ô, gostosa" tem o mesmo resultado de um ácido glicólico.

"Tesuda" penetra a pele como retinol.

Os desaforos de rua são cremes caros e instantâneos. Recuperam cinco anos em questão de dez segundos. O que são as plásticas perto de um elogio safado?

Beleza não é beleza sem antes receber a condecoração do trânsito.

Quando abordadas, as mulheres aceleram o passo e atrasam os ouvidos. Lançam o corpo para a frente e a audição para trás, a capturar o chamado lânguido pelas suas curvas. Sustentam o avanço por discrição. Enrolam que não ouviram. A situação é esta: não podem parar, querem e não podem; seria corresponder à grosseria. Resta reconstituir a soma das letras seguindo adiante.

Os bagaceiros teriam grandes chances de vencer concursos de soletração.

"Que bun-da."

Abrem a boca ao vento com a submissão de um consultório odontológico. Gritam sem esconder o rosto e a identidade.

São terroristas do corpo. Camicases que explodem junto com as palavras após cumprir a missão do instinto. Arremessam o rojão erótico aos pés das senhoras e senhoritas, putas e virgens, mal prevendo que dispensaram a conquista com o estardalhaço.

As vítimas dos assobios e insinuações voltam para casa com irreconhecível orgulho. Não contarão nada do que aconteceu aos seus pares, sempre ciumentos, sempre defensivos, sempre educados. Seus amores não entenderiam as contradições do sexo.

Se compreendessem, agradeceriam a torcida dos motoboys, dos ciclistas, dos guris das passarelas, que empurram o time feminino ao ataque.

PAPAI-MAMÃE JÁ TIVERAM FILHOS

Já me recomendaram muito não conversar depois do sexo e ainda mais sobre o sexo. Que termina com o mistério.

Não caio na ladainha. Sou um narrador mesmo quando estou de folga, sofro de cistite verbal. Desconfio de que o laconismo signifique preguiça sob o disfarce de confiança. Na hora em que alguma mulher pede: "Nem precisamos falar". Ou quando afirma que "o silêncio diz tudo", abro um parêntese. (Por favor, o silêncio não diz absolutamente nada. É unicamente silêncio. Não é tradutor de quem não fala.)

É uma espécie de covardia abençoada, uma forma de cada um viver para seu lado e não afiançar a solidão. Não acho que a voz estrague o clima, que o diálogo diminua a intensidade, que abrir o que se gosta é assassinar a relação. Qual é o problema de se expor, identificar suas taras? Deixar rolar serve para bola de futebol. Não para o corpo que pretende fixar leveza e se deliciar.

Que diga sem pudor que adora sexo oral, que adora prender os mamilos, que adora dar a bunda, que adora ser pega em flagrante ou se envolver com estranhos. Casais temem o rosto um do outro, temem confiar segredos, temem a audiência pública de suas fantasias. Temem ser ousados demais ou travados e ficam no meio-termo, aguardando que a coragem compareça na próxima vez. Um crime ser educado quando a nudez desafora. Restrições combinam com remédio, não com a saúde.

Ao sacrificar a fala, acomoda-se na aprovação equivocada. Parece que a transa foi tão ruim que não permite comentários. Ou que alcançou sua condição sublime, que perdeu a língua.

Um estigma crer que o sexo foi feito para a concordância, que se deve embrulhar o amor para comer sozinho em casa. Sexo não é uma conclusão fechada. Não é um julgamento individual. É uma sentença a dois, um júri popular. Que ambos melhorem dentro e fora do beijo.

Sexo não combina com o silêncio, sexo combina com o sussurro, com o gemido, com o palavrão. É mais teatro do que livro. Não para ser lido quietinho. Pede a expressão cênica.

Somos atores do próprio desejo. Uns, canastrões, outros, bem mais convincentes.

A palavra não salva o sexo, mas melhora.

QUANDO NÃO SE ESPERA

Você está cansada, peças mistas, roupa de terça-feira, a língua não pousa sábia, teve irritações no trabalho, não arrumou as unhas, andou pra cima e pra baixo com as botas, é o dia perfeito para não encontrar nenhum amor. Para descansar e ficar em casa, comendo chocolate e assistindo a capítulos perdidos do seriado preferido.

Mas ele surge sem ser convidado. Ele aparece como para contrariar. É um amigo que não prometia atração, um colega que não demonstrava interesse, um conhecido que abre a guarda.

Ontem estava disposta, ontem estava perfumada e irretocável, ontem estava com chapinha e decote, ontem desejava que acontecesse. Hoje se sente um bagulho, acima do peso, acima da idade (se é jovem ou velha, dependendo do humor), e ele se oferece, cheio de intenções e malícia, soprando palavras misteriosas, que confundem, e a tira para dançar.

Como explicar que não está depilada? Muitas amigas desistem do compromisso para manter a reputação das virilhas. O homem vai deduzir que ela não está a fim enquanto a razão é outra.

A realidade é essa: ele a convida para sair logo hoje. De repente, não haverá um segundo convite. Ela aceita contrariada, querendo retornar cedo. Não consegue se desvencilhar e enfrenta a decisão de ir até o fim ou deixar para depois. Arruma dezenas de desculpas infundadas, despropositadas, esfarrapadas como a lingerie que tenta esconder, que precisa terminar um projeto ou que tem reunião de manhãzinha.

Toda mulher teme perder o homem porque não está produzida. Mas do que o homem mais gosta é de uma mulher desprevenida. Uma mulher que surpreenda sua indisposição. Uma mulher com cara de quem acorda, não com cara de quem vai dormir. Uma mulher que não aguarda o melhor momento, mas deixa que aquele momento, tão ínfimo e opaco, despretensioso e discreto, encontre sua grandeza. É quando ela se dá conta de que terá que tomar banho mesmo nos lábios dele. É quando ela se dá conta de que terá que esticar as pernas para apertá-lo dentro.

Vocês não estão bêbados, vocês não estão irresponsáveis, vocês não enlouqueceram, nenhum motivo para esquecer.

Despreparados para o amor, o amor é sincero. Ao invés das frases escolhidas, escolher qualquer cisco para o ninho. Uma gafe, um tropeço, um arrependimento não prejudicam a conversa, iluminam a intimidade.

RINDO NO AMOR, NÃO DO AMOR

O riso não costuma reinar no sexo. Como se não fosse permitido rir dentro da igreja e do quarto. Como se o amor fosse um segredo sério, um segredo lento. Um riso dela: o homem pensa que ela está zombando do tamanho do pau e dos movimentos de seu corpo. Um riso dele: a mulher jura que ele está troçando de suas imperfeições e de sua experiência. Convenciona-se que o humor broxa. O humor traz desconfiança. O humor lança suspeita. Que o amor deve ser sério como um drama. Trágico.

Não foi isso que aconteceu com os dois. Ambos transavam com alegria. Com alvoroço festivo. No meio do gozo, passaram a rir desbragadamente. Rir da entrega mútua, do que foi recebido, do que foi oferecido, do mistério de estar pleno e sem volta.

Eu acreditava que chorar junto era a maior cumplicidade que existia, mas aquilo que fizeram foi mais do que desejaram. Aquilo que fizeram foi mais do que uma aventura. Aquilo que fizeram foi mais do que ouvir um ao outro, mas sim falar um no outro. O rosto dele moldado no pescoço dela. Os seios dela apertados pelo seu peito. A simplicidade da ternura. Nadavam, andavam dentro dos braços, sem a ameaça da dúvida, sem remédio, as papoulas como sapatos descansando fora da casa. Todo beijo não pedia beijo; pedia soluço, sol no dia seguinte.

Não havia a maldade do meio-dia; havia o perdão da meia-noite. A boca diurna e a cintura noturna.

Davam-se como o vinho e a toalha de mesa, como as pétalas e os livros, como a plumagem do ninho e alecrim, como a cabeleira da névoa e os altos frutos.

Gargalhavam quando não sussurravam, e nada diminuía o prazer. Desnecessária qualquer explicação sobre as risadas. Gemiam rindo. Gemiam misteriosamente rindo. A nudez abençoada pela oferta. Nenhum arrependimento atravessou a cama. Nenhuma culpa desmereceu a voz. Rir é trocar a despedida pela véspera. Voltavam e se arremessavam, torneavam o tempo como queriam. Soltos pelo riso, nunca amarrados pelo grito.

VINGANÇA

Duas coisas que o homem não tolera ouvir de uma mulher: insinuações sobre o seu sexo e que dirige mal. O resto é negociável.

Quando ela pedir sua "coisinha", mesmo carregada de ternura, mesmo sem querer, é para falir na hora.

Merece uma resposta sem piedade:

— Calma, estou procurando. Estranho, eu a vi ontem.

Ternura às favas. Homem — no seu íntimo — quer ser dotado de "trabuco". Ele empregará somente a régua na adolescência com a certeza de que ultrapassará os quinze centímetros. Na indecisão, não ousará enquadrar seu instrumento de trabalho ao longo da vida. Não coçará muito o saco para não chamar atenção. Será educado por insuficiência de recursos.

Nem necessita ser algo descarado. Sugestões femininas aniquilam o relacionamento.

Não se avalia o tamanho do desespero de um homem durante a transa.

Os dois estão no maior assanhamento, trocando de posição, como bichos seguindo o suor.

De repente, a parceira grita:

— Mete mais! Mete mais!

Para quê? Ele tenta ir mais fundo, mas já encontrou o máximo, atingiu seu limite. Não tem mais nada para oferecer. A saída é aumentar os movimentos, a força, o impulso, tenta disfarçar dobrando a velocidade das pernas.

Às vezes, funciona, às vezes, a sanha é enfiar a cabeça, o tronco, os cotovelos. Compensar, de algum modo, a insuficiência de recursos.

O cara está lá no útero, e o corpo sinuoso dela permanece insensível. Isso é o que caracterizo de "Nervos de aço", sr. Lupicínio Rodrigues. Dor de corno são nervos de alumínio.

Mais grave do que as indiretas em relação ao corpo é suportar as mulheres comentando o desempenho no trânsito.

Na primeira vez em que eu saí com uma menina, ela inventou de advertir minha mudança de marchas: "Ei, grosseiro!" Seu propósito era descontrair e interromper o nosso terrível silêncio.

Parei na hora e a mandei descer:

— Do carro?

— Não da minha vida.

Ela foi muito infeliz e sincera, infeliz porque sincera. Nenhum macho tem senso de humor quando está dirigindo. Uma crítica do seu desempenho ao volante é irreversível, o equivalente a olhar para uma mulher e disparar: "Percebi celulite, estrias e gorduras localizadas, gosto de você assim mesmo."

O carro, para o homem, é seu salão de beleza, sua drenagem linfática, sua cirurgia plástica.

Um risco na lataria é uma cicatriz. Amasso é sífilis.

A reprovação no exame de habilitação produzirá mais estrago emocional do que rodar no vestibular. A tragédia será completa acrescida da aprovação, no mesmo exame e no mesmo dia, da namorada. Há homens que não dirigem para não enfrentar a gafe. Preferem ônibus, táxis e trens, com a esperança ecológica de que ajudam o planeta e, de tabela, sua estima.

Carro é a prótese masculina. A vingança peniana. O revide ao complexo.

Curiosamente, compro veículos cada vez maiores. De um Fusca para um Gol, de um Gol para um CrossFox, minha próxima aspiração é um Jipe e devo me aposentar com uma colheitadeira.

CAMA NA MESA

Há tudo que é teoria sobre sexo; confio naquela que antecipa a performance masculina a partir do jeito como o marmanjo avança na comida.

A melhor forma de a mulher não se incomodar depois é convidar seu pretendente para uma simbólica e inofensiva refeição. Assim como há a tradicional reunião-almoço, é possível criar um jantar pré-sexual.

Teste seu parceiro. É seguro, preciso e previne futuros gastos com terapeuta.

Se o homem separa demais as comidinhas, cria cercas entre o arroz e o bife e a salada, come devagar como Gandhi, tem um pudor hospitalar com qualquer tempero, cisca o que não gosta, é nojento na escolha do cardápio, pede para trocar o copo, tem várias manias de limpeza, não estique a noite. Por favor, a primeira impressão já saiu com pouca tinta, não insista com a impressora.

É um daqueles sujeitos que converterá o guardanapo num babador e fará um macacão se tornar um TipTop. Não conseguirá se recuperar de uma mancha de molho. Sairá correndo para o banheiro e ficará comentando o azar pelo resto da noite.

Sua atuação comprometerá, é um convite à compaixão. Ele terá medo da própria saliva, usará as posições mais confortáveis e não acreditará na combinação de sexo oral e amor. É o típico perfil de quem vai ligar no dia seguinte e conversar com sua mãe. Não confie em homem que telefona no dia seguinte.

Até pode parecer de boa cepa e família, refinado, perfeito para campanha de detergente. Não se engane. Difícil discernir o educado do reprimido. Psicopatas também são gentis.

Mas, caso ele faça três andares no prato, coloque o ovo em cima do arroz, o bife em cima do ovo, e encontre um espaço para a massa e a couve refogada, não hesite: seu desempenho promete passionalidade. Os talheres terão a função de andaimes do edifício. Alternará as mãos com a perícia apressada de um bárbaro. A sensação é de que tira agora o atraso de um mês. Nada é posto de lado, nenhum fiapo de carne é desperdiçado, nenhuma ervilha, mistura as porções com coragem e gula. Lembrará Alexandre, o Grande, raspando a porcelana como se conquistasse novamente o Egito e o Afeganistão.

Observe ainda se ele deixa escorrer a gema pelo canto da boca — um requinte da espontaneidade, assim cumprirá com louvor o teste vocacional.

Demonstrará trejeitos de insaciável. Não temerá qualquer entrega. Não vai ficar olhando onde está se deitando. Seguirá o impulso, derrubará os obstáculos pela frente e levará o abajur pela coleira a passear pelo quarto.

Homem bom é o que baba. A boca cheia de desejos.

Ai meu Deus, ai meu Jesus

A CARNE É FORTE

Eu confessei todos os pecados de velho quando criança. Ficar na fila para se confessar já era um despropósito. Adivinhava qual era o padre que me ouvia pela voz fanhosa ou pelo sotaque italiano.

Havia o Alfredo e o Laércio. Padre tinha nome antigo, de moeda da Grécia.

Nascia e morria num dicionário de latim.

Eu pensava que o sacerdote usava a janelinha de proteção por estar gripado.

Vivia gripado.

Todos os meus pecados eram um único: bater punheta. Mudava apenas o dia e o horário.

Não, não dizia bater punheta. Eu bati punheta somente quando adulto.

Eu dizia: eu me toquei, padre.

"Eu me toquei às 13 horas, eu me toquei às 18 horas, eu me toquei às 21 horas."

Vivia me tocando.

Torturado por não ir ao céu, confidenciava por quem me tocava. Acho que não precisava, mas pecado bom é com detalhe.

O padre conheceu minhas fantasias eróticas melhor do que qualquer mulher. A infância do meu erotismo.

Quando disse que sonhei com a faxineira da igreja, ele me penitenciou com a maior carga tributária de ave-maria e pai-nosso do bairro, o que sugere que estaria apaixonado por ela.

Largava o mesmo conselho diante da minha sucessão ejaculatória: "Para de coçar, menino. A carne é fraca, querido, a carne é fraca."

Até hoje não posso ouvir a palavra coçar que sou transportado pelo riso para a sacristia da Igreja São Sebastião.

Depois de dois casamentos, mereço uma conversa séria com o menino que fui.

Podemos casar sem sexo. Mas amar depende de sexo forte e intenso. A alma é complacente, logo aceita qualquer migalha.

O corpo não. Orgulhoso de seu gosto, briguento, ferrenho. Não descansará se não for saciado. O corpo tem muito espaço para ser escrito. Não esquecemos do que foi lido em nossa nudez.

Se o cheiro não atrai, inútil apelar para as gentilezas.

É o cheiro que chama, o cheiro que abraça, o cheiro que aperta.

O cheiro das pernas, o cheiro da nuca, o cheiro dos cotovelos, o cheiro dos joelhos. O cheiro da voz beijando, lambendo, chupando.

Sou forçado a avisar à criança da década de 70 — antes que ela se perca de novo — que a carne é forte e a alma é fraca.

Ai meu Deus, ai meu Jesus

O INFERNO É O EXCESSO DO BEM

Discordo de que o inferno seja a privação do que gostamos. A renúncia do que não valorizamos.

O inferno é o que a gente ama, mas em excesso.

Lembro da torta de nozes. Era apaixonado, comia uma fatia por noite durante anos. Botava guardanapo na gola para naufragar a barba no creme. Hoje não suporto o cheiro. Tortura seria me colocar dentro de uma vitrine repleta do doce. O mesmo ocorreu com a panelinha de coco, o alfajor, o chocolate em barra.

Alegria em demasia é tristeza. Quem repete três vezes seu prato predileto tem rosto de velório.

O paraíso é o bocado, o gole gostoso, o pouco intenso. Deixar o que se deseja para depois e nunca deixar o desejo.

As mulheres reivindicam homens românticos. Pedem escandalosamente um perfil gentil, amável, cordial, obediente, misto de agenda (capaz de lembrar todos os aniversários e datas comemorativas) e diário (que escreva poemas e preencha cartões floreados). Na hora em que encontram o sujeito sonhado, querem distância. Consideram a figura grudenta, gosmenta, tediosa. Resmungam que é muito submisso (se você vem sendo chamado de fofo pela namorada está a um passo do despejo).

Os homens procuram mulheres com irrefreável apetite sexual. Para ter sexo a cada turno. Sem enxaqueca, trabalho e preocupações familiares. Caso pudessem, adotariam arquitetura de motel no quarto com retrovisores na cama.

Pois quando se deparam com uma ninfomaníaca viram monges. Usam pijamas listrados. Decidem discutir a preliminar. Forram a cabeceira com dicionários. Revelam traumas de infância.

Torna-se insuportável trepar a cada quinze minutos e não terminar um pensamento inteiro. Não é mais questão de virilidade, é de sanidade. A transa depende da lembrança para renovar a imaginação.

Qualquer cinéfilo que assista a 12 horas de filmes fugirá da tela em branco. Qualquer médico que fique 36 horas de plantão desistirá de suas mãos.

O exagero do bem enjoa. O exagero do prazer é o inferno.

ENTRE CAVALOS E CACHORROS

Nunca abandonaremos o sexo rural.

Não vou confessar que morro de tesão pelo corpo cansado da namorada, com a fragrância exasperada de um dia inteiro, quando o perfume importado já evaporou e resta a franqueza da carne sobre a carne. Avisarei que a desejo de banho tomado. Se me perguntar, digo isso, o certo. Mas faço o errado com volúpia. Amo o dorso feminino suado, muito suado, não há sabonete e xampu que me devolva a mesma gula. Posso lamber as axilas, as curvas, lamber todo o seu trabalho de oito horas sem intervalo. E repetir.

O discurso é pelo luxo e conforto: cama redonda, espelho no teto, banco estofado para o encaixe, algemas abençoadas, banheira de hidromassagem.

Só que a imaginação ainda está no celeiro, com pilha de feno, o bafo da neblina e a pressa da ardência. A imaginação procura pelo chão, pelo incômodo, pelos pregos enferrujados do entardecer. Os animais não foram domesticados no instinto. Nem devem.

Após as juras, quando surge o primeiro desaforo amoroso, o primeiro insulto, adeus boas maneiras. Não adianta controlar a fantasia. Homens caprichosos e refinados se transformam em gigolôs, dondocas comportadas e puras se enxergam como putas. Regressamos às fazendas da República Velha, ao mato remoto, às plantações do inconsciente.

O prazer não assina contrato, nem se interessa em ler e escrever. O que vem à tona é a pulsão, o revezamento de domínio e submissão.

É melancólico um amor que não esfolou os joelhos.

Durante a transa, o que menos pretendo é ser homem, essa alma tão volúvel e pouco decidida, mas um cavalo.

Enlouqueço quando chamado de cavalo. É uma provocação de corrida, do laço, do nó acintoso. As esporas surgem nos pés. Arrebento-me nos estribos. Afora que me projeto muito mais volumoso do que sou. Se ela é égua, o gemido é um bloco indivisível de som, um relincho a acordar os rincões e os potreiros ancestrais.

Talvez seja uma fixação dos gaúchos pelo passado estancieiro. Uma ligação primordial com a montaria. Não escapam dos latifúndios. Dos campos. Da exuberância silvestre. Do sotaque interiorano e da vontade de se largar pela estrada.

Já os cariocas, entre quatro paredes, preferem cadela, cachorro e cachorra. Tanto que as letras de funk esbanjam latidos: "Cachorra, Cachorra,/Eu quero essa cachorra./Cachorra Cachorra."

São esportistas dos pátios, das varandas, dos parques, das praças e praias. Montam de uma forma mais familiar e menos

Ai meu Deus, ai meu Jesus 173

selvagem. Firmam sua filiação a um ambiente doméstico e urbano.

A rédea é substituída pela coleira. Um delírio erótico com menos coice, menos dor de cotovelo, menos invasões culturais do MST. Em compensação, mais bala perdida, mais arrastão, mais queda livre.

Receio pela geração de meus netos, afastada perigosamente do convívio com os bichos. Não duvido de que se contente em fantasiar com hamster. E o sexo entrará definitivamente na gaiola.

RECONCILIAÇÃO

Conversar antes do sexo é nossa possibilidade de melhorar a transa. Conversar depois do sexo é nossa capacidade de piorar a transa.

Homem que fala demais depois de trepar é porque broxou. Homem só se dispõe ao desabafo no fracasso. Ele fuma as palavras para manter sua reputação ereta, já que não conseguiu dominar o corpo. Quando satisfeito, abraçará o silêncio, como uma camisa gasta e valiosa. Homem feliz sexualmente ronca de tanto silêncio acumulado.

O canalha não liga para o primeiro encontro, a delícia do primeiro encontro. Deixa os começos para os cafajestes.

Ele é alucinado pelas reconciliações. Talvez isso explique sua paixão paradoxal pelo casamento.

Reatar um amor é mais trepidante do que iniciar um amor. Conquistar novamente uma boca que não o quer mais, decidida a desaforá-lo, tem mais suspense do que conhecer uma boca. A despedida humilha a estreia. Erótica pela necessidade de uma resposta urgente e agora. Transferir o nervosismo de fazer as malas para desfazer a cama.

A tensão favorece a nudez. Um abraço não é mais um abraço, mas um choque de seios contra seu peito.

Canalha que é canalha não fugirá de discutir o relacionamento ou ter um papo sério. É o primeiro a sentar. É no desentendimento que cresce. Na argumentação. Nas ofensas gritadas, quando os gatos da garganta enlouquecem os telhados.

Briga boa é feita na cozinha, com copos, pratos, facas e garfos à disposição. Com um repertório de armas nos armários.

Quando a relação está por um fio, quando tudo está contra ele, todas as evidências, ele renasce e não aceita o desespero. Acostumado a viver de sustos, não entra em pânico. Está em seu território movediço, em seu escritório de verossimilhanças: transformar desculpas inacreditáveis em versões realistas, formular enredos para coincidências, fundamentar acasos.

Enquanto muitos escapam na hora de dar justificativas, o canalha estende a toalha da mesa. Prepara até resumo da discussão. É o filho do inquérito. Não se precipita, seguirá seu improviso. O ultimato é uma garrafa de champanhe — é preciso tempo para gelar. Champanhe quente é a pior ressaca que existe. Casais não têm paciência para o congelador no momento da raiva, o canalha tem.

Conhece o corpo feminino para entender que as defesas vão terra abaixo na arena. Diferenças se esfarelam na fogueira.

Beijo brigado supera o beijo inocente. Beijo desculpado é a suprema carícia da língua.

TARADO

Os homens não confessam, já paguei mico ao abrir a boca, sem nenhuma solidariedade na bandeja do garçom, nenhum sim, sins dos colegas de trago. É evidente que suas namoradas estavam na mesa, apavoradas com a revelação. Fiquei sozinho com a minha opiniãozinha, sozinho com o meu bigode de chope. Um trapo de voz. Um tarado.

Antecipo também que é machista, tentei me censurar, educar o corpo, reprimir o condicionamento, recorrer a um acompanhamento médico, mas não adiantou. Sofro com as minhas imperfeições quando não gozo com elas.

Tenho compulsão por poses domésticas. Duvido que meus semelhantes não possuam sinais em desenvolvimento dessa predestinação caseira. Vivo o estado terminal do arrepio.

Mulher esfregando o piso, ai, não é bom descrever. Engatinhando com a escovinha, em movimentos repetitivos e lúbricos. Como se ninguém estivesse reparando nela. Com a soberania da solidão, os lábios se mexendo com vagar, cantarolando bem baixinho uma música. Ainda não aprendeu direito a letra e preenche os espaços com o assobio refinado da melodia.

Ansiosa para terminar aquela obrigação. Balançando devagar o balde, a produzir um preciso soco de água no solo. O vaivém do quadril, a espuma amanteigando os azulejos. As panturrilhas com os músculos retesados, escamas firmes, como peixes apanhando o sol na superfície.

Ou no momento em que ela estica suas pernas na árvore das vidraças, encerando o brilho das alturas. A calcinha aparecendo por engano, pelas sobras de vento das cortinas. A bundinha levantada. Largaria qualquer urgência para mergulhar em suas coxas de leve suor.

Sou viciado na sensualidade desarmada, que é mais distração do que oferta. O sopro ingênuo que esconde a impetuosidade da malícia.

Não posso enxergar mulher cozinhando, que a abraço de costas e beijo meus beijos em seu pescoço. Um beijo ensimesmado de orvalho.

Faço vista grossa para a fumaceira, se a comida pode queimar, passar do ponto. Esqueço a pontualidade do preparo, a harmonia provisória dos temperos.

Não me dou conta de que meu casaco encosta perigosamente nas bocas do fogão. A obsessão não recua, é egoísta, primogênita do pesadelo.

Vou contornando as linhas das costas com a língua até que ela grite "chega, não é hora", ou me retribua a invasão com um golpe defensivo dos pés.

Encaixo minhas pernas nas pernas dela e entrego o volume das calças. O desejo diabólico é arrastar a toalha com os pratos para longe, desprezando o cuidado com a porcelana e fulminar uma trepada de cento e vinte por hora.

O homem é burro. Grosseiro porque burro. Suas fantasias o emburrecem. Uma burrice pura, de criança crescendo de noite.

Ele entende tudo errado, raciocina que ela está gostando, que sua resistência é um modo de atiçar seus avanços. Mas sua mulher quer a tranquilidade da colher de pau. Nada mais. Odeia sujeito que decide ser carinhoso quando ela não está disponível, logo agora que não tem como reagir. Assimila como afronta e desrespeito (por que ele não a procurou de manhã, na saída do banho?).

Não sei o que fazer comigo. A faxina de casa é meu bordel.

CURIOSIDADE SELVAGEM

Quando perdi a virgindade, não cansava de cheirar minhas mãos.

Como uma criança quando inspeciona as mangas da camisa. Uma curiosidade selvagem. Nas mãos, a fotografia da minha virilidade.

Nas mãos, a umidade derramada da fruta que acabara de descobrir. O derrame da fruta. Um cheiro que pedia que nunca mais a lavasse. Que colocasse minha saúde em risco, se fosse o caso.

As mãos que foram devassas, que gostariam de tomar banho seco a partir de agora, como os passarinhos na terra fofa da praça.

Eu me embriagava com os dedos. Os dedos que tocaram o escuro mais claro de minha vida.

Na fileira alta do fim, o rosto deitado na vidraça, aos solavancos das curvas, poucos passageiros noturnos, o motorista louco para terminar sua última corrida e garfar um prato quente em sua casa, e eu envolvido com a textura da pele, envaidecido de ser homem. Não dormiria até a minha parada.

A mão imperiosamente me acordava ao coçar a barba. A mão era um ônibus sem cobrador.

Mão que não poderia retornar ao seu serviço. Mão que não era mais útil, mas estranha e poética, como o esboço em giz que seria depois coberto pela tinta a óleo.

Não era mais mão para acenar. Mão para cumprimentar. Mão para apartar brigas, apertar copos. Mão para esconder no bolso. Não fazia questão de segurar uma caneta e desperdiçar seu vigor. A mão que não tocaria as cordas de um violão com o mesmo gosto. Que não abriria as janelas com o mesmo deslumbramento. Que seria banal e entediada nas festas de que tanto gostava, que largaria os talheres mais cedo nos almoços de família. Mão exigente, viciada, dependente de outro sorvo.

Um segredo, uma sina na mão, que a condicionava a crescer e se despedir de antigos deleites.

Mão egoísta, egoísta, egoísta.

A mão não seria mais jovem a partir daquele momento. Suas veias dilatadas pela extinção da inocência. Destinada a envelhecer mais rápido, a desdenhar do sofrimento.

Mão febril, indisposta ao quique da bola e à arruaça dos amigos pelo jogo.

Cuidava para que ninguém me olhasse e cheirava novamente. Minha cola de sapateiro. Meu loló. Meu blusão de unhas embebido de pomar e neblina. Inspirava fundo, enchia o pulmão, sem me preocupar em perder a consciência.

O cheiro do sexo dela.

Toda nudez de uma mulher ainda estava deitada no dorso da mão.

Ai meu Deus, ai meu Jesus

TOQUE

Masturbação feminina é inconciliável com a masculina.

Se a senhora tem alguma dúvida sobre orgasmo múltiplo, não pode se opor ao talento para a excitação prolongada. Não diga que é natural, não humilhe seu parceiro, tampouco menospreze o dom. O homem não conhece esse controle remoto do corpo.

A mulher é bem capaz de se masturbar no chuveiro, transar no quarto, e não haverá nenhuma diminuição do ritmo. Sua nudez é insaciável. Assim como demora mais para se excitar, demora muito mais para abandonar a excitação. O homem facilmente se prontifica, porém larga a atmosfera com enorme rapidez.

O orgasmo liquida o homem e reinventa a mulher. Virtude de um, defeito do outro.

A fêmea ama na volta (o homem somente ama na ida). Não negará o sexo, mesmo que tenha se violentado secretamente. Ficará inflamada. Desejosa. Sequiosa.

Sua libido é narração. Pretende continuar com a fantasia, aumentar a trama, propor encruzilhadas.

Caso seu parceiro peça e mereça (as duas operações são complementares), ainda que já tenha gozado sozinha, seguirá adiante, procurando ir além do gemido. Os braços masculinos serão a continuidade dos seus dedos.

Tanto que o homem é tarado antes do ato; a mulher é tarada depois dele.

Levando o fôlego como parâmetro, mulher na cama é romancista; homem é poeta, isso quando ele não inventa de fazer haicais.

A excitação dos machos é monotemática. Até hoje supõe que bater uma é anular a chance de sexo no dia. Sua masturbação não é um aperitivo, uma preliminar, mas a aceitação do fracasso. É como um desabafo, algo como "não deu para aguentar".

Nenhum adulto confessa com orgulho para sua namorada ou esposa: bati uma punheta. Tem receio de receber um olhar piedoso, de seguro-desemprego.

A fase adulta traz a necessidade da transa para ser feliz. Superada a adolescência, o homem se masturba a contragosto, lamentando que não tenha um resultado melhor. É provável que isso demarque toda a sua conduta psicológica. Vive a resignação, uma espécie de solidão indesejada. Acha que se tocar é o deserto da agenda, a absoluta falta de aventura, um sinal de rejeição, que ninguém o quer, nem ele.

Na hipótese de se masturbar e transar no mesmo turno, sofrerá de retardo mental. Sem pressa alguma. Sem volúpia. Com dificuldade de concentração. Seu objetivo é um só: gozar de

Ai meu Deus, ai meu Jesus 183

novo. Não é de continuar gozando. Pensa que traiu sua companhia com a ejaculação solitária.

É um processo semelhante quando escolhemos uma música como aviso de chamada do celular. Nunca mais teremos condições de apreciá-la, apesar de ser a nossa balada favorita. Os ringtones matam a leveza imaginária da canção. O toque lembrará agora trabalho, prazo, incomodação, urgência. Ao ouvir os acordes no rádio, mergulharemos no terror, tentando localizar o aparelho.

O que me faz crer que a punheta do homem é seu ringtone do sexo.

QUANDO VOCÊ RECOLHEU MEU CORPO

Sabe quando eu senti que poderia ser seu?
Talvez nem recorde, não faça importância, pode parecer mais uma tolice.

Na primeira vez em que dormimos juntos, depois da nudez esfriar, você esqueceu suas roupas no sofá e apanhou minha camisa do espaldar da cadeira. Não, eu não a alcancei. Você pegou, com um desembaraço esquisito, uma certeza de que não dependia de licença e permissões. Eu fiquei assustado com sua naturalidade.

Colocou a camisa deixando a gola solta. A longa camisa entreabrindo os seios. Voltou para perto de mim e procurou a região acolchoada de meu peito. Adormeceu.

Eu não dormi para observá-la. Você se casou comigo ao vestir minha camisa. Não foi depois; foi naquele instante em que dividimos nossas primeiras roupas após dividir o corpo.

Minha camisa a protegeu do inverno que insistia em ventilar pelas frestas. Você pensou que ela continuava meu corpo. Eu pensei que você continuava meu corpo. Minha camisa como um vestido, beirando os joelhos. Minha camisa trocando de lar, de lado. Assumindo seu perfume, suas curvas, tomando a estrada da serra para a praia.

O grito, o gemido e o suspiro conversavam ao mesmo tempo em sua boca.

Em nenhum momento você vacilou, admitiu dilemas, fraquejou em engano. Toda elegância é decidida. Puxando minha camisa para sua cintura, você organizou meus olhos, abriu os botões e os dias que viriam.

Uma mulher não usa a camisa de um homem se não pretende morar com ele. Está vestindo a casa.

Veste a manhã seguinte em plena noite.

Uma mulher não recorre à roupa de um homem à toa, percebe-se protegida. É uma escolha que definirá as demais perguntas. Um ato de admiração, que torna os lençóis secundários.

É uma troca secreta de aliança. É bem mais do que levar a escova de dente para ficar na residência do namorado. Um sinal de aceitação mútua. Alguns casais não notam esse detalhe e se separam.

Você misturou nossas vidas, nossos armários, nossos pertences. Nada mais era meu, nada mais era seu.

Ao receber de volta a camisa de manhã, eu não consegui lavar.

NÃO QUER TRANSAR

Mulher que alega enxaqueca para não transar não tem classe. A dor de cabeça é preguiça, ela demonstra que não tem nenhuma motivação em esconder a ausência de apetite, que você não vale nem o esforço de mentir. Não merece uma desculpa convincente.

Zomba de sua tara. Nas entrelinhas, avisa: cai fora, e vira definitivamente ao lado. A relação está com os dias contados. Não é falta de vontade de sexo, é falta total de ânimo para ficar junto, até para dormir junto.

Charme é quando ela desvia o assunto com histórias tristes. Mulher quando vai para a cama e conta tragédias é que está determinada a não transar. Ela pôs isso na cabeça desde o café da manhã e não muda de ideia. Porque a mulher acorda sabendo se vai dar ou não. Não duvide da premeditação — ela se conhece mais do que o homem.

Óbvio que identifica os sinais no radar, a mão do parceiro deslizando desde o banheiro, o convite dos beijos; o beijo fica lânguido, molhado, espumoso; qualquer um percebe quando o outro está excitado, não é um mistério. Natural que ela evite discutir o assunto diretamente, tipo "não estou a fim hoje" ou "estou muito cansada". Será muito desgastante, seu companheiro se sentirá um fracassado, aparecerão espinhas residuais da adolescência. Ou se encherá de autoridade para denunciar o tempo de abstinência. Virá com um relatório: são sete dias e vinte horas no seco!, como alguém que pede um reajuste salarial. Sempre quando confessamos que não desejamos nada naquela noite, temos que explicar durante horas o motivo. Há a tese unânime de que seria mais simples transar do que discutir.

A objetividade é insana no relacionamento. Porque existe um medo tremendo de ser enganado, de não detectar o desamor a tempo, como se fizesse diferença descobrir antes ou depois. A insegurança gera evasivas. Ninguém fala o que realmente quer ou não quer, com receio de melindrar. No brasileiro, a síndrome é doentia, a reputação tropical e quente derreteu nossos miolos. Aqui, não trepar é não amar. Diante da negativa, instala-se a desconfiança: não se interessa mais por mim?

A esposa está indisposta sexualmente quando recorda da avó doente. É um truque repassado de mãe para filha. Tem 100% de aproveitamento. Toda fêmea guarda na manga da camisola sexy uma ancestral doente ou no asilo. Nunca mencionou sua existência durante cinco anos de convivência. De supetão, ela surge, imperiosa, desgrenhada, carente e abandonada. Sua mulher põe dois travesseiros nas costas e senta para confidenciar a culpa por não visitá-la.

— Será que ela se lembra de mim? Tão triste e sozinha lá...

Você está cheiroso, malicioso como uma cobra na relva, e ela encerra o entusiasmo dos seus toques com reminiscências da parente adoecida. Se não frear seu ímpeto, irá repreendê-lo:

— Pô, é importante, não está valorizando, estou me abrindo...

Fodeu, ou melhor, não fodeu mesmo. Ela não está se abrindo, está se fechando. Use as velas aromáticas para o velório da avó. A sonolência pesará nas suas pálpebras, começará uma série de bocejos irresistíveis e você dormirá primeiro, ainda por cima com a fama de insensível.

HOMEM QUE BROXA AO TRAIR NÃO FOI INFIEL

Todo homem que broxa em caso extraconjugal merece o perdão.

Uma escapadela do casamento com broxada não pode ser condenada. É um triunfo da monogamia.

A falta de ereção anula o crime, isenta o desvio, elimina a culpa. É como sessão de cinema no blecaute. Devolve-se o ingresso.

Se ele falhou com outra mulher, não foi infiel. Ofereceu a mais alta prova de adesão a um relacionamento estável.

O encontro não pode mais ser enquadrado como pulada de cerca. Pelo contrário, o sujeito fortaleceu a relação familiar, construiu um muro de proteção de sua intimidade. Negou a pretendente e — broxando — apagou esperança de reincidência.

De modo nenhum deve contrair vergonha do ato, esconder a informação, sonegar a cena. A broxada é uma medalha de honra ao mérito, uma distinção afetuosa, vale como tempo de serviço para as bodas de ouro.

Ao tentar trair e fracassar demonstrou que realmente ama sua esposa. Foi uma prova incontestável de dependência. Uma declaração absoluta de lealdade. Um atestado de submissão amorosa.

Sacrificou-se para dar o exemplo e não gerar dúvidas de seu estado civil. Levou a aventura às últimas consequências. Testou a libido e recebeu o resultado negativo. Respondeu aos demônios da excitação com o desânimo da carne.

Broxou como quem escreve um testamento, como quem dedica seu suspiro ao quarto do casal.

Não foi fraco de fugir no bar. Não foi covarde de esnobar convite. Não desistiu, caminhou muito além das palavras. Provou mesmo que não queria com seu instrumento murcho, acabado, inofensivo.

Não é pouca a coragem. Recusou Viagra e paraísos artificiais, afrodisíacos e ceras amazônicas.

Num manifesto camicase, explodiu a reputação de comedor por uma causa nobre, a dizer alto e em bom som para sua companhia:

— Não adianta insistir, ninguém me excita a não ser minha esposa.

Desembainhou a espada pela paz, entrou na arena para não lutar. Experimentou a hombridade da rendição, a resistência dos santos no deserto.

Não usou atenuante, não mentiu, sequer fingiu, nem mergulhou no sexo oral para ganhar terreno, assumiu que não estava a fim, que não desejava aquilo, que tinha que regressar ao lar. Com coragem e cara limpa, sem hipocrisia, olhando nos olhos de sua presa.

Ai meu Deus, ai meu Jesus

Rejeitou a outra depois que ela tirou a roupa. Largou o flerte em plena nudez. Humilhou a amante com a frase mais monogâmica do mundo:

— Desculpa, eu não consigo.

BASTIDORES

O sexo é uma verdade privada que se torna mentira pública.
Na hora de fazer, a franqueza. Na hora de contar, a distorção.

Há um mito de que qualquer transa atravessa a madrugada. Não conheço guepardo, somente maratonista na cama. Ejaculação precoce é o de menos, o domínio é da ejaculação retardada. Não há um amigo que diga que transou quinze minutos. Nunca. São sempre horas e horas de carícias e afagos e preliminares.

Ou todos usam Viagra ou todos mentem.

Não sei se o brasileiro é o melhor amante. Não existe como saber. Não há boca de urna confiável da intimidade.

Corre sempre o boato de que o prazer se estende ao canto do galo. Eu olho para a cara dos meus colegas e não enxergo nenhuma olheira, nenhuma fraqueza de manhã. São sobrenaturais. Passam a noite fogosamente, não dormem e ainda acordam sem efeitos colaterais do cansaço. Alguma coisa está errada em mim.

Pior que fingir orgasmo é fingir que o orgasmo dura a noite inteira.

Onde anda a modéstia da nudez?

O bocejo, por exemplo, é tão romântico, mas é visto como um sinal de agouro e de tédio. Se alguém vacila, logo se pune e engole um energético. Abafamos a sedução da preguiça. Uma pena; ao bocejar, o corpo se estica e se entrega como num ato erótico. Nada é mais excitante do que estar desarmado, com o rosto limpo, honesto e real.

O sexo precisa de mais religião. Pode parecer blasfêmia, mas pede mais religião e menos academia de ginástica. Sexo virou desempenho. É uma atividade muscular, ao lado do cross over e do leg press. Uma demonstração de fôlego. Uma competição de quem aguenta mais. De quem pode mais. Uma rivalidade de bíceps e seios. Estamos mais preocupados com a posição do que com o prazer do outro. Os joelhos e braços são anilhas encaixadas nas barras.

Esquecemos que o sexo pode ser curto no tempo e intenso na entrega. Já é suficiente meia hora, desde que vivida com a disposição dos detalhes, desde que a respiração seja saboreada e a pálpebra se feche para deixar o lábio enxergar sozinho.

Parece que sexo exige insônia, exaustão física, tortura, infarto. Eu quero viver pelo sexo, não morrer dele.

A noite de núpcias é a mesma conversa fiada. Os convidados e os padrinhos farão insinuações aos casados durante a festa: "Hoje é o dia, hein?" Mas, no quarto, a verdade será sonolenta. Em vez de gemidos, roncos.

Depois do casamento, da recepção, da comilança, da arruaça até a luz do sol chegar, das danças e das despedidas dos hábitos de solteiro, como é que o casal vai transar? É desumano. Ou porque os dois estarão embriagados ou porque não se mantêm em pé. O máximo que dá para fazer é uma declaração de intenções.

— Ai, amor, eu queria tanto comemorar.
— Eu também, mas temos uma vida pela frente.
— Não ficará chateada?
— Claro que não, eu desejava...
— Zzzzzzzzz.

E ambos entendem que mentir não é tão bom quanto dormir de conchinha.

BOATO

O homem aguenta uma bofetada de girar o rosto para a lateral como gandula de tênis. Uma crise de ciúme no meio da rua. Escapar do tranco de uma piada sobre sua coleção de latinhas de cerveja. Tolera ser furado no trânsito. Perder um jogo nos últimos minutos. Sufoca a raiva ao ser preterido no trabalho, e ainda tem sangue-frio para cumprimentar o colega que roubou sua promoção.

Ele sairá de qualquer enrascada, menos de uma mentira feminina.

Não tem como, impossível reagir, jogue a toalha. O homem parece sempre que está mentindo. Ao nascer, não desfruta de chance para estragar sua reputação. Já é estragada.

Ubiratan foi vítima de uma das infalíveis fofocas. Descobriu que comeu a Adriana. Não comeu a Adriana, senão teria se lembrado. Adriana partilhou o falso segredo logo com sua irmã, que foi tirar satisfação do motivo de transar com sua amiga.

— Pô, sacanagem, né, Bira?

— Não comi a Adriana.

Mas falou rindo. E a irmã acreditou na Adriana, e não nele. E espalhou — para quem não ouviu a história — que seu irmão comeu descaradamente a Adriana e ainda quis enganá-la.

Mania masculina de dizer a verdade rindo. Cria suspeita de que ele não pode admitir e, portanto, recusa a acusação. Sua resposta foi zombeteira, como um arroto de criança depois de Coca-Cola. As mulheres confiam que a mentira masculina é um hábito, não uma exceção.

O riso é um problema de escapamento viril. Há uma perturbação hormonal para colocar em sua conta qualquer trepada, real ou fictícia. Paga a rodada no escuro. Não reage com uma honestidade lacônica, taciturna. É atingido pelo convencimento, adoecido pela vaidade. Contorce sua expressão em sarcasmo.

— Imaginaaaa, euuuu?

Não percebe que dilatar as vogais é artifício manjado das atrizes pornôs e dos mentirosos. E a mulher conhece essa fraqueza do homem de nunca negar um caso e arma a maior confusão. Monta em suas costas.

Homem numera para cima no jogo de porrinha. Fracassa ao refutar que comeu uma mulher, com exceção do casado e com todas as provas ao contrário. Sexo para o macho não é difamação, é reconhecimento.

A vontade do Bira era a de extravasar que comeu a Adriana, mesmo que tenha sido um engano. Seduzido pela alegria da confusão. Privilegiou a fama — pois compreende que a verdade não acrescenta biografia.

Mais tarde, sensibilizado pelo reconhecimento precoce e investimento a prazo, Bira terminou trepando com a Adriana. Vacilou novamente em seu momento de remissão:

— Foi genial, a impressão é de que ela já me conhecia.

ESQUECER

O tio Hamilton não entendia patavina de literatura. Era o conselheiro sexual dos jovens da família. Um sedutor inveterado, com seis casamentos e muitas namoradas.

Um fracassado social para os adultos, um ídolo para os adolescentes.

Ele tomava uma cervejinha, fugia do contato mercantil e chato da mesa grande dos irmãos e sentava entre a gurizada na frente da tevê para descrever façanhas, gafes e histórias impossíveis de libido.

Suspirávamos.

Uma mistura exótica e verbal entre revista pornô, Marquês de Sade e Florbela Espanca.

Para os primos com a sexualidade em carne viva, arrebatados pelos desejos proibidos entre as próprias primas, um encontro com ele respondia a uma catequese do inferno. Lógico, ninguém faltava. Já queríamos pular direto para a crisma.

Em seus últimos dias de glória mundana, Hamilton largou uma sentença que marcou minha vida. Foi uma alfinetada, um piercing na língua. Poderia ter criado em mim um trauma naquela época, porém ele me advertiu para guardá-la e usá-la depois dos trinta anos.

Girando o copo de cerveja Polar, criando artificialmente um temporal de espuma no vidro, Hamilton me confidenciou:

— Ao trepar, esqueça que tem um pau.

Como esquecer que tenho um pau? Como transar e esquecer que tenho um pau? Vou fazer o quê na cama? Homem não é feito de pau?

Aceitei a herança como um delírio de um moribundo. Concordei para ajudá-lo a partir sem remorso.

Mais velho, experiente na textura dos lençóis e formatos exóticos de espelhos de motéis, a frase abriu-se como um segredo de Fátima do gozo feminino.

Hamilton descortinava razão em sua loucura.

Quando transo, devo ser um eunuco. O eunuco é o homem feminino. Não carrega um pênis para atendê-lo de imediato. O pau estraga a constância. É egoísta. Apaga a mulher pela sua dádiva líquida. Homem com pau só se masturba. O eunuco não. O eunuco transa de verdade. Abandonará a finalidade, o destino, a função. Não terá pressa em se contentar. Fará com que sua língua se dobre como um joelho. Vai demorar o rosto malbarbeado nas costas femininas.

Sexo oral para ele é tudo. Carícia é tudo. Beijo é tudo. Não são vésperas. Preliminares não são obrigações cordiais. Ele não esconde a ansiedade na educação, não há motivo para controlar e disfarçar seu orgasmo. Cada gesto é sua penetração. Desenhará a mulher com uma lentidão torturante. A noite será breve perto de suas expedições pelos contornos. Nem depois de ela gozar se verá encerrado. Permanece com a disposição viral do início.

Mas Hamilton esperava que eu completasse seu pensamento.

— Ao trepar, esqueça que tem um pau. Deixe que ela o encontre, como se ele estivesse perdido em seu corpo.

ENQUANTO JACK ESTAVA NA GARRAFA

O lirismo corteja o pântano.
Ontem conversava com o Lacaniano de Passo Fundo e o Vampiro da Cidade Baixa enquanto o Jack ainda estava na garrafa. Reuni, pela primeira vez, os dois amigos. Não foi complicado encontrar um tema comum: sexo.

E o sexo para o Lacaniano é uma esperança dialética.

Sempre que alguém reclama da vida sexual, ele vem logo com suas esporas, para espantar as frescuras do sujeito:

— Um coito interrompido é melhor do que nada.

Os aconselhados se afastam redimidos. Tanto faz a origem da crise, o esporo do Lacaniano funciona. Com a concha dos dedos, os atormentados passam a zelar a chama de seus olhos por mais uma noite.

A alma masculina não precisa de incenso. As coisas são ditas sem perfume.

Permita-me revelar um segredo proibido. O homem é derrubado pela mulher que sabe masturbá-lo. É fatalmente conquistado.

Parece que a masturbação é uma atitude de apoio, uma preliminar, uma passagem, um aquecimento ansioso pela penetração. O sexo oral é mais prestigiado. A masturbação quase é tratada como se não fosse sexo. Mas é a base do sexo.

São pouquíssimas as mulheres que entendem a importância de violar o código antes destinado à imaginação, retirando seu ardor egoísta. Naquele gesto, o homem ainda se protegia. O homem ainda poderia estar traindo-a, fantasiando com outra.

Ardilosas as mulheres que exploram e encontram a proeza desse ritmo lentamente febril. Que se dedicam a desvelar a sequência secreta e pessoal, adquirida na infância e articulada entre o dom e o instinto. Há uma senha de quarto trancado, que é quebrada quando ela o conduz com naturalidade.

Existe no ato uma sinceridade dramática. Uma compulsão pela verdade. Uma confissão arrebatada.

Na masturbação, a vergonha está misturada à delícia e à compreensão do corpo.

Uma mulher que masturba o homem melhor do que ele alcançará a solidão da virilidade. Entrará em sua solidão. O homem não ficará mais sozinho. Não se entenderá mais sozinho.

Ela transfere a origem do prazer dele para suas mãos.

VAI SE DEPILAR HOJE?

Não se pode ser bagaceiro sem antes ter intimidade. Não dá para sair falando como se estivesse no quarto; primeiro, deve-se atravessar a sala, o corredor, a cozinha.

Safadeza é merecimento. Os atravessadores não merecem o céu da boca. Os apressados não terão a recompensa divina. Os ansiosos desperdiçarão sua chance de Éden.

Sou favorável à lentidão, por isso nunca frequentei praia de nudismo. Tampouco sou adepto de swing ou de qualquer prática que banalize a sensualidade.

"Vamos direto à ação" não funciona comigo. Conversa que é a ação, desprezá-la indica apatia e conformismo.

Aparecer pelado de repente é broxante. Não queimo etapas: desvestir as palavras para depois se despir, encontrar o sim dentro do não, achar o amor definitivo dentro de um talvez.

Partilhar a memória só é possível para quem reparte a imaginação. Reprimido não é o que não confessa seu passado, é o que não consegue expor suas fantasias.

Entendo a decepção da esposa quando ela volta do banheiro e seu marido já a espera pronto na cama. Direto. Apartado de preliminar e provocações. É pior ainda quando ele nem está excitado.

Tão mais prazeroso quando um tira a roupa do outro e se roça e se enreda de sinais. Não dependemos de música ambiente, desde que sejamos envolvidos pela respiração de nossa companhia. Respirar perto e acelerado prepara o gemido.

Gosto quando a mulher está sem calcinha, mas que não surja nua de assalto. Como materialização do túnel do tempo. Que seja um pouco difícil para me sentir importante. Quero deixá-la à vontade para criar vontade.

A sugestão feminina é uma dádiva. Aquela que diz de cara que está molhada e úmida veio de um filme pornô. Nem sequer leu o roteiro.

Assanhamento pressupõe a malícia de declarar a intenção não entregando o sentido de bandeja. Admiro as mulheres que insinuam, sempre criativas, não facilitando os lençóis. Testam a inteligência do seu parceiro.

Por exemplo, sei que minha namorada está a fim quando avisa, despretensiosamente (isso é importante!), que foi ao salão. Quando indisposta, lamentará que não teve tempo.

"Eu vou me depilar hoje" é a senha. Desnecessário o convite literal. Cresço de alegria. A verdadeira terapeuta sexual é a depiladora, é a que resolve as brigas e as discussões. Eu amo todas as depiladoras do mundo pela alegria noturna que oferecem aos homens. São as madrinhas morais de nossa imoralidade.

Sexo pede respeito. Sem respeito, como iremos perdê-lo no decorrer do enlace?

Ai meu Deus, ai meu Jesus

QUANDO O HOMEM FINGIR O ORGASMO

As mulheres queimaram a calcinha, o sutiã e as pantufas. Os homens incineraram as ceroulas e os pijamas listrados. Não há mais nenhuma revolução sexual. Depois do anticoncepcional e do Viagra, a impressão é que os tabus foram superados e não desponta recorde a ser quebrado no horizonte.

Você se engana. A mais complicada mudança de costumes ainda não aconteceu: o fingimento masculino do orgasmo. Aguardo uma pílula que amplie o nosso repertório.

Seria nossa libertação das garras e caprichos das lobas e lolitas. Se a mulher saiu da cozinha, o homem não abandonou o quarto. Está algemado na cama de seu corpo. Da forma atual, seremos sempre dependentes. Não há como se safar. Manteremos a pose de sexo frágil da relação, submissos e súditos. É uma injustiça ultrajante, nos privaram do benefício de falsear, testar gemidos, recorrer a playback, enganar a plateia. É tudo real, honesto e verdadeiro. Uma sinceridade imperdoável. Entregamos na hora se amamos ou não se estamos felizes ou não; dispensável o interrogatório.

CARPINEJAR

Nenhuma namorada busca conferir o orgasmo do seu parceiro. Não merecemos nem a pergunta. Não desfrutamos do mistério, da hesitação, do enamoramento entre o claro e o escuro. Não conhecemos a dúvida, filhos da certeza por toda a eternidade. O grito e o tremor nos entregam. A ausência de chance de mentir no sexo faz com que a gente tente descontar fora dali, contando vantagens na profissão.

O homem pode enganar pulando da cena com a camisinha intacta. Mas não gera a mesma graça. No sexo tântrico, corre o boato de que é possível gozar sem ejacular, porém nenhuma esposa é santa para acreditar nesta história; dirá apenas que broxamos e pedirá na lata para confessar o nome da outra.

O progresso carnal virá com o fingimento do macho. É o que falta para a civilização confirmar a igualdade. É o último degrau. Distanciado de truques e evasivas, terá que ser encarando a vítima. Como no teatro da crueldade: simular olho no olho, boca na boca, ouvido a ouvido. Reservaremos um dia na semana para aula de canto, exercitaremos o pompoarismo das cordas vocais. Ela ficará indecisa se agradou, louca para questionar e nos bater com o travesseiro, prestes a nos sacudir pelo veredicto. E não falaremos nada, observaremos o teto com ares de abóbora e dormiremos de conchinha.

Assim a mulher saberá, finalmente, o quanto sofremos até hoje para descobrir se ela gozou.

ESTRATÉGIAS DE SEDUÇÃO

A mulher tem uma manha terrível, um ardil implacável de sedução. Qualquer macho sucumbe. Qualquer. Pode ser um diplomata, um gari, um doutor pela Sorbonne XXXV, um eletricista. Não foi criado um sistema de proteção; ainda somos presas fáceis.

É quando ela sussurra no ouvido que está sem calcinha. Mesmo que seja uma mentira, funciona. O sujeito engasga, extravia a linha de raciocínio, logo baba, perde a língua em ataque epiléptico. Experimentará um transe messiânico, atordoado com a revelação. Trata-se de um convite? Quem diz que não é maldade?

Toda mulher fala que está sem calcinha rindo, o que irrita sua vítima. O barbado buscará se certificar, espiando os joelhos, reparando nas dobras, com os olhos vidrados de um tarado. Não acreditará no milagre. Cometerá uma gafe, um escorregão, derrubará a cerveja na roupa, tropeçará no cadarço, praticará algo idiota como encará-la para avisar que irá ao banheiro. E voltará do banheiro duas vezes idiota porque ela sequer se levantou da cadeira.

É uma confidência imbatível a que somente as mulheres têm direito. Se o homem declara que está sem cueca, vai sugerir — no máximo — que é um porco. Não será nem um pouco excitante.

Mas, após décadas de experimento, desvendei uma estratégia masculina de efeito semelhante. Não faço churrasco, nunca convidei amigos para uma carne no final de semana. Meu pai se separou cedo da mãe e não me transmitiu o legado e a arte do sal grosso. Azar; não há churrasqueira que não sirva de lareira.

Do que não abro mão é comprar o saco de carvão no mercado. Nenhuma fêmea resiste a um homem carregando um saco de carvão. Com os dedos sujos de graxa. Apanhando a argola de papel com desleixo. Como se não fosse pesado.

Num único lance promocional, é oferecer as fantasias eróticas de mecânico e de peão. É mais imbatível do que escolher carne no açougue. Mais imbatível do que recusar a carne no açougue (a maior parte dos clientes discorda do açougueiro para se exibir ao mulherio).

Atravessar os corredores de laticínios e refrigerantes com um saco de carvão representa a suprema glória viril. Supera o óleo nos bíceps dos halterofilistas. É reconquistar o fogo. É se fardar completamente ao sexo.

Não precisa ser musculoso, apenas desalinhado. A cena depende de preciosos detalhes. Suje a calça na hora de pagar e não dê bola para a mancha, provando que estaria disposto a rolar

Ai meu Deus, ai meu Jesus

num barranco. Largue o pacote na esteira com um estrondo, para impor passionalidade. E pague com um maço bêbado de notas, retirado do bolso da frente. Não tire a carteira sob hipótese alguma, que seria uma atitude educada e fria.

Todo domingo, repito esse ato sagrado. Tenho um estoque de sacos no porão. É meu jeito de estar sem calcinha.

AI MEU DEUS

Não resisto, que me casse a carteira da crisma, posso ser excomungado, mas confesso que não resisto.

Talvez seja a minha severa formação católica, a coleção de santinhas da infância, a precocidade da primeira comunhão, o chuveiro demorado, a antiga coluna de Carlos Nobre com tiras de mulher pelada no jornal Zero Hora, o fetiche por saias plissadas azuis, o fascínio pelo cheiro de vela e de orquídeas, tudo no liquidificador formando uma de minhas obsessões auditivas.

Despacho as proteções quando uma mulher solta um "Ai Meu Deus", intercalando seus gemidos. Largo as defesas. Chuto as sombras do lustre.

Eu me curo do que ainda nem sofri. Encontro a escada rolante dos céus. A nudez recebe seus estigmas — abençoada pelos seios.

Na mais alta luxúria, com os lençóis arrastados ao chão, no abafamento do corpo, o que ela pensa em soletrar ao apertar a mão com ferocidade?

"Ai Meu Deus."

A exclamação não surge no mercado, na loja, no trabalho, mas na cama.

No momento em que deveria aceitar o inferno, assobia para Deus, pede para que Ele se aproxime e ainda veja o que estamos fazendo. Muita safadeza para compreender numa noite. Com um simples impulso, a mulher nunca mais volta para si.

É uma contradição saborosa. Um paradoxo trepidante. Como se estivesse rezando para que o prazer não seja tão violento. Para diminuir a excitação. Para frear e doer menos na volúpia.

Nenhum macho tem preparação para se defender desse apelo místico, desse grunhido bíblico, dessa oferenda suspirada no fervor do pecado.

Há um backing vocal mais provocante?

Em vez de urrar meu nome, ela martela a voz: Deus para cá, Deus para lá. Você se percebe um instrumento. Um transistor. Uma corrente do Espírito Santo.

Não é mais sexo, é uma trepada mística. Um triângulo amoroso quase imperceptível.

E se prepare: será uma orgia quando, ao final, ela alternar freneticamente "Ai Meu Deus" com "Ai Meu Jesus".

Eu me converto.

AS PUTAS DA MEMÓRIA

Não consigo mais fechar os olhos. Descobri a transa de olhos abertos. A imaginação se rendeu à nudez.
É como um ex-fumante que recupera o cheiro, o paladar, a brandura da mesa.

Para delirar, observo. Sem fuga, sem partir para outro lugar ou outra lembrança. Injustamente inteiro, migrando entre os gestos. Fixo em cada sequência. Guardando os rascunhos do rio ao levar a canoa para a margem. Não existe a preocupação em estar excitado. Não tenho medo do pau indolente, murcho, de não mostrar serviço e falhar. Aceito o que meu corpo oferece. Desisti de ser gigolô do orgasmo, desisti de pagar as putas da memória. Não seduzo com aquilo que me falta. Não apelo para empréstimos. Não minto façanhas. Não espremo as laranjas das pálpebras em nome da sede.

É exuberante beijar encarando a mulher. Toda pele é macia como uma boca. Todo beijo na pele é beijo na boca. Perdia de enxergar seus olhos assustados acentuando os gritos. O olhar dela em pânico é a maior tranquilidade que um homem pode ter. O pânico do prazer; ofendendo, pedindo mais, arrebentando-se em contrações. Demorar em desfazer o abraço das pernas, não se envergonhar da loucura.

JÁ BROXOU?

O homem pode ser tão gentil que se desfaz na bebida para não culpar a mulher pela broxada. A mulher é tão educada que faz de conta que acredita.

Na adolescência, tinha a parceria de Ferrugem nas noitadas. Todo mundo teve um colega chamado Ferrugem. Ou um fedelho na escola chamado Alemão. É uma obrigação constitucional.

Ferrugem contrariava nossos amigos dizendo que não bebia para tornar qualquer mulher atraente, e sim para esquecer seu rosto e atrair as mulheres.

Admirava essa abnegação. Pena que Ferrugem terminava a noite abraçando a privada. Talvez tenha vivido para contar sua história e me inventar nela.

É certo que, desde essa época, eu me preocupo em não usar pijama. Foi um juramento: a impotência viria com o uniforme noturno. Com aquele lençol listrado. Com aquela fronha de corpo.

Deu certo, nunca broxei, o que no fundo me assusta pensando nos debates familiares na boca da churrasqueira. Os tios

Ai meu Deus, ai meu Jesus 215

avisavam: quanto mais cedo broxar, melhor. O homem somente é homem depois que murcha uma vez.

Não decodificava a mensagem — espécie de criptograma Desafio Cobrão. Como a catapora e a caxumba, será que acontece uma vez e não volta? Ou o marmanjo se acostuma com o fato?

Há teorias que não preciso viver para comprovar. Assim como não emprego Hipoglós para assadura em minha bunda. Vá que o dedo deslize.

Evitei a contaminação cultural. E o contágio simbolizava botar pijama. Imaginava que o impotente se fardava de pijama azul bebê.

Na minha concepção, macho dependia da velocidade do zíper. Abusar de botões e boca de sino é se aposentar. O próximo passo é aceitar pantufas e transar de meias. O último ato é cantar Julio Iglesias de roupão branco.

Cuido para não ser devorado pelos caprichos.

É o mesmo que sonhar com uma orgia numa banheira de hidromassagem. É tentador, pelas barras laterais para armar acrobacias. Mas não caia na miragem de motel. Relaxamos demais para endurecer. A água quente é LSD natural. A única coisa que levantará da superfície será a bolha de espuma.

Passei a dormir com roupas velhas. Abrigos puídos, cansados do futebol. Preservava as camisas novas e puxava aquelas recusadas do fundo da pilha no armário. Como preferida, escolhia a que recebera de uma campanha de vereador.

Temos somente camisetas de vereadores que nunca foram eleitos e em quem não votamos. E de três eleições atrás. E com

 CARPINEJAR

o rosto impresso numa litografia tosca. E com um número derrotado que não serve sequer para ganhar na loteria.

Realmente não broxava. Com a careta do eterno candidato no peito, quem broxava era minha esposa.

DUPLO SENTIDO

A sensualidade é a infância da vida adulta. Ou alguém ainda duvida de que sexo é brincadeira?
Uma palavra certa, e a vontade não larga mais o pensamento. Quando a mulher sugere que é lasciva, eu não me contenho. Lasciva é uma palavra muito rápida, entra direto no sangue. Derrubo minhas defesas também diante de "assanhada" e "safada". Um amigo não pode escutar lúbrica que abandona sua carreira.

A audição se desespera com a realidade paralela dos vocábulos. Sou da turma do sexo falado. Não me permito pecar quieto. Saio para pescar na conversa.

É um efeito colateral da minha geração. O carro foi o primeiro quarto, o sofá foi o primeiro hotel. Não encontrava tanto conforto para transar, necessitava arretar semanas e convencer a menina de que valeria a pena, que só seria um pouquinho, que deixasse entrar. Aproveitava a saída dos pais para explorar a solidão lisa do seu corpo. Era um suspense, uma vertigem. Qualquer ruído na porta modificava o embalo da cintura. Procurava me manter perto das almofadas. Desde a adolescência, fui preparado para o flagrante. Cresci sob a pressão da maçaneta.

Sexo não acontecia com tranquilidade, despir dependia do pôquer da dicção. Falava algo bonito para retirar o sutiã dela, falava algo perigoso para arrancar a calça, amor eterno somente com a calcinha, e ainda existiam frequentes recuos de pudor. Muitas vezes, ela terminava mais vestida do que quando a gente começava. Nem sempre dava certo. Uma frase oportunista e indiferente puxava o freio de mão. Ela deveria entender que eu amava, que não me aproveitava de sua ingenuidade, que permaneceríamos juntos. Sexo exigia convencimento, persuasão erótica, promessas de Lagoa Azul.

Brincar com o duplo sentido continua um jogo favorito. Enrijeço na disputa de insinuações. É dizer e não dizer, é despertar o lençol na toalha de mesa, é atiçar a curiosidade dos dentes com a língua, pesar a pálpebra para espiar o vão da voz.

Tenho uma elasticidade incomum para formar dimensões alternativas. Não me contento com nada direto, tipo uma mulher confessando que vai beber todo o chantilly do café. Isso é pornografia. Viajo além. Se ela comenta que procura um mouse retrátil, fico louco. Retrátil? Eu me ponho em movimento. Já quero ser retrátil.

O Aurélio é meu Kama Sutra.

GUARDE-ME EM SEU COLAR

Já sabemos o que vai acontecer, não sabemos como, nunca sabemos como. Ela pode estar mais pura ou mais sarcástica. Posso receber sua precipitação ou sua paz.

Quando transo com minha mulher, temo perder a memória. É para esquecer datas, lugares, nomes. Somos desmemoriados pelo excesso de desejo.

O que mais me excita é que ela não tira o colar. Nua, branca, sinuosa, resiste com o colar. Já largou a calcinha e o sutiã, e não o colar. Ela é impetuosa, pisa em suas roupas quando vem em minha direção, mas não se afasta do colar. Não se esconde nas cobertas, pede que eu a olhe, que eu a admire, que eu tenha consciência de com quem estou lidando. Não há mais timidez, não há timidez na fome. Ela me encara com suas contas no pescoço. Já nos conhecemos demais, e isso aumenta o mistério. A intimidade é perigosa porque é capaz de ferir para aumentar a fragilidade. A surpresa somente existe na intimidade. Intimidade é a confiança dentro do medo.

Ela não sobe e desce. Subir e descer não requer arrebatamento — é angústia dos apaixonados. O que ela faz é diferente: ela anda pelos lados. Ela ladeia em mim. Monta em círculos. Como se a cama não tivesse fim ou borda. Como se minha nudez fosse a sua e ela se devolvesse.

Não aumenta os movimentos, desobedece o vento, diminui, desacelera. Brinca de se despedir. Como se alguém fosse entrar naquele momento pela porta. Como se ouvisse um barulho estranho e parasse. E não chega ninguém, e rebola, os lençóis perto são sua saia, ela me desafia a ver o que está vendo — nos assistimos por um tempo para criar saudade antes da lembrança.

O colar balança, seus seios seguram minhas mãos. Não é aturdida de pressa, não pretende se livrar do meu cheiro. Ela me agride com as palavras e me acalma com seu movimento. São duas mulheres conversando com o meu corpo, brigando pelo meu corpo, indecisas, a que liberta pela fala e a que me prende pelas pernas. Eu não entendo para onde vou, e me seguro na confusão.

Não pergunto quando vai gozar. Ela morderá o colar. Morderá com força. Nada mais deslumbrante do que uma mulher mordendo o colar para não gritar. Um dia ainda verei as pedras partindo de seus olhos.

Seu colar é minha coleira.

MALDIÇÃO

O homem pena por estar exposto. Sem querer, concebe fantasias eróticas numa reunião de trabalho e a alavanca da calça o entrega. Ele não consegue esconder quando está desejando, quando está distraído, quando está longe. Incapaz de mentir sua vontade. Incapaz de fingir. Incapaz de disfarçar.

Um leve presságio, o membro salta. Ajeita-se de lado, ele dá cambalhota e retorna à posição original. Tem a elasticidade de um ginasta olímpico. Tenta-se recordar da avó, da tia, da morte, da mendiga mais descabelada, despistar as imagens, mas nada o demove da inflação. O equivalente seria se, excitados, os seios crescessem a ponto de furar o sutiã ou inchar a blusa.

É comum o homem despir na sua imaginação a mulher com quem conversa. Terrível confessar isso, mas é um hábito, um treino, uma maldição. Tanto faz o assunto, ele tratará de arrancar as roupas dela em pensamento. Confere se vai apreciar e sonda as consequências. É óbvio que nem sempre aguenta avançar no exercício.

Não se respeita um homem com pau duro. É — de cara — um tarado. Provoca a piada. Desde criança, enfrenta-se o constrangimento de abafar o desejo e a curiosidade, de enganar o corpo.

Já passei por sérias dificuldades. Na escola, sentava atrás da menina de que gostava. Numa manhã, ela veio com os cabelos cheirosos, cheirosos demais. Fechei os olhos e iniciei o percurso de seu pescoço. Quando chegava perto da boca, a professora de Matemática me chamou ao quadro negro. O que fazer? Tinha um agravante do uniforme escolar, cilada para crianças excitadas. A calça de abrigo, o tecido leve, facilitava o avanço. Preso à cadeira, disse que desconhecia a resposta e que convidasse outro. Ela insistiu que eu fosse. Fui. Arrastei o caderno comigo. A professora advertiu para deixá-lo na carteira. As risadas vieram depois para balançar o lustre.

Em outra cena, eu transava quando chega o entregador de comida árabe. No terceiro toque da campainha, decido ir de qualquer modo. Ando meio encurvado, para desviar a atenção. O entregador observa o desnível de minha cintura e descubro que ele é banguela. Levei a encomenda com a terceira mão.

O pau é incontrolável, não tem como suborná-lo ou fazer um acordo — goza de vida própria. Ele poderá apreciar o que seu dono não aprecia, pedir para fazer o impossível, encantar-se nos momentos de maior constrangimento e luto. Não respeita a mulher de seu melhor amigo ou a filha de sua melhor amiga. Endurece e pronto, teimoso que só vendo. O jeito é dobrar as pernas, andar como um pato, botar a pasta na frente e rezar, rezar muito para que ninguém note a diferença.

Ai meu Deus, ai meu Jesus

CALCINHA

Quando recebi um embrulho pelo correio, deduzi que fosse mais um livro das centenas que chegam e abri na frente de todo mundo de casa. Com uma informalidade leviana, prestes a subir a escada-caracol para o escritório e seguir com o ritmo biológico de minhas atividades. Ao apanhar o objeto do fundo do pacote, notei que era macio demais, com algumas rendas e deslizes febris. Ainda confiei que devia ser uma obra artesanal, costurada. Espiei o seu conteúdo:

— Nãooooo acredito.

Óbvio que não falei alto. Não sou louco.

Era uma calcinha branca, pequena, inteiramente perfumada.

Uma declaração de amor — por aquilo que minha ânsia traduziu em segundos.

Sem remetente.

Gelei.

Minha mulher perguntou do que se tratava.

— É um livro...

— De quem?

— De um autor capixaba.

Capixaba? Talvez a calcinha tenha evocado praia, sol, a luxúria da areia nas dobras do corpo e me impeliu a essa resposta pouco caprichada.

Ela não perguntou mais nada. Deveria ter confessado de cara o conteúdo, desmembrado um riso épico, feito um escândalo, pontificado vergonhas da remessa, aberto um inquérito familiar, mas me encabulei seriamente.

Onde enfiar a maldita calcinha sem levantar suspeitas?

Qualquer lugar que colocasse na residência, mesmo no cofre que não tenho, manteria a peça minúscula viva e localizável. Mesmo abafados, os miados do cio da fibra acordariam mãos inocentes. Da faxineira à filha. Sou o único homem adulto dali, não poderia nem incriminar meu filho pequeno.

Tentei programar explicações. Quando não há culpa, as desculpas são ingênuas. A culpa é a inteligência da mentira. A culpa não é amadora, ensaia muito mais do que a verdade.

Aprontei-me a recolher o lixo da casa para levá-lo à portaria. A mulher me interrompeu com o "queéisso?"

— São dez da manhã. Não há lixo para levar.

— Queria antecipar as coisas.

— Você está estranho...

Ao escutar "você está estranho", o homem está no limiar de ser descoberto. Recue!

Foi o que fiz.

— Então tá, deixo para depois.

Subi, me tranquei no banheiro e picotei a calcinha. Armado de estilete e tesoura. Com as córneas forradas de um psicopata, rasgava sua textura virgem. O pano convertido em confetes para chuva de carnaval. Rasguei muitos rascunhos de poesia e misturei tudo na lixeira.

Atravessei o dia com remorso. Por não estudar direito a autoria. Pela compulsão de me livrar daquilo antes de experimentar a transgressão. Não me dei tempo para ficar excitado.

Na manhã seguinte, a mulher lamentava com uma amiga ao telefone:

— Não chegou.

— Não veio, não.

— Deixou a calcinha que comprei na caixa de correio, é certo isso?

FIASCO NA CASA DA SOGRA

A distração custa caro. E cobra juros de insônia.
Aurélio experimentou 20 dias na residência da sogra, Nanda, em Balneário Camboriú. Com a sogra dentro do apartamento, é óbvio.

É o momento em que sua mulher, Elis, vira filha e não faz mais nada. Realmente descansa. Come, dorme, assiste a filmes, vai para praia. No sol seguinte, repete a dose. O Dia da Marmota que as misses desejam, e não se enjoam.

A marmota era ele: gordo, barbudo, sonolento e pele tostada.

A preguiça da esposa contagiou sua vitalidade farroupilha. Não foi só uma manhã em que despertou ao meio-dia.

— O excesso de saúde me estraga. Assim como sono demais me deixa inchado e com olheiras — costumava resmungar.

Odiava Domenico de Masi e a baboseira do ócio criativo. Na prática, constatava o contrário: a aparência masculina piora com o lazer. Todo homem descansando perde o rosto e ganha retrato falado. Inicia a temporada saudável e termina as férias com cara de foragido da polícia catarinense.

Ai meu Deus, ai meu Jesus

Aurélio cometeu o maior vexame de sua vida no almoço de sexta. Sem Elis, que prometeu sair para compras, acordou desprotegido, com os socos da sogra na porta:

— Comida na mesa! Vem logo! Tá pensando que é a casa da sogra? — gritou, debochada.

Pelado debaixo dos lençóis, ele pegou a primeira sunga que encontrou na gaveta e correu afobado para a sala, consciente de que Nanda era pontual e não tolerava enrolações.

No litoral, é permitido comer com roupa de banho. Não é grosseria, atentado violento ao pudor, desprezo anarquista.

O problema é que — no torpor do sono — Aurélio apanhou uma cueca listrada no lugar da sunga. E sentou quase pelado com a sogra, o cunhado, um casal de tios e algumas pessoas a que não teve tempo de ser apresentado.

O grupo olhava o genro com censura. O cunhado perguntou se ele frequentava praia de nudismo. Aurélio não captou a ironia, mesmo com os risinhos coletivos e contidos de Muttley. Confessou que carecia de coragem para jogar frescobol com o troço balançando.

Os comensais foram se constrangendo e afastando o prato.

Aurélio levantou para buscar o suco, juntou faca que caiu no chão, desfilou intensamente pela cena do crime. Almoçava de cueca e ninguém falou nada.

Identificou a gravidade da atitude quando a esposa mandou que preparasse as malas.

— Já vamos?

— Você vai! Tá pensando que a casa da sogra é motel? Me viu almoçar de calcinha diante de sua família?

Não adiantou alegar que não fora intencional. Ainda mais a uma terapeuta. Qualquer erro pode ser um ato falho.

— Aurélio, não acredita em inconsciente? Sentiu ciúme da minha tranquilidade, do meu luxo de rainha, encontrou um jeito de arruinar a confiança da mãe e ir embora.

Ela estava coberta de razão. O inconsciente é o padrasto do pecado.

ETIQUETA DA CAVALARIA

Os homens não confessam suas fraquezas, realmente são discretos em suas lamúrias. Diante da pancadaria verbal da parceira, apanham em silêncio. Têm preguiça de se defender. Resmungam apenas, e se entregam a polir os cascos. Não respondem nem quando cobertos de razão. Esvaziam qualquer xingamento com miados de falsa obediência: "Já vou", "ok", "certo", "desculpa" e "logo faço".

Se as patroas estão dispostas a comprar briga, eles não emprestam o cartão de crédito. Saem das zonas de conflito, que costumam ser o quarto e a cozinha (não tem sentido brigar na varanda). Procuram os ferrolhos do polícia-ladrão doméstico. Afinal, descobriram que a discussão depende mais do aposento do que da fragilidade de seus envolvidos. Alguns marmanjos se encaminham para a trégua da garagem, outros sujeitos investigam a origem das mesas mancas. Os trabalhos de marcenaria e de mecânica permanecem sendo os favoritos para espairecer.

A verdade é que a turma masculina não sobreviveu à vigilância materna e chegou, exausta, à vida adulta. Porque, na infância e na adolescência, nenhuma mãe concedia folga, pedia para ajeitar algo a cada minuto. Arrumar o quarto, então, era uma cobrança implacável. Toda mãe tem alma de governanta, toda criança é vocacionada à camareira.

A esposa deveria pôr a mão na consciência, fazer um exercício de generosidade e concluir que seu marido não é um filho da m. ou da p., e sim o filho da sogra. Um pensamento singelo capaz de revolucionar os relacionamentos. Num instante de lógica, verá o quanto ele sofreu e agradecerá que não é tão sequelado, que pode caminhar e se barbear sozinho.

O macho merecia mais respeito, suporta em segredo o insuportável. Por exemplo, nunca vi marido reclamar dos tufos de cabelos no box. É um argumento implacável, porém proibido pelas regras de etiqueta da cavalaria.

A mulher abandona um monumental aplique nos azulejos do banheiro, larga a cabeleira de Elke Maravilha no cantinho, e não recolhe. E permitimos que ela desfile pelo corredor após o banho. E deixamos que vá impune ao serviço.

A mulher doa mechas inteiras ao piso, empreende um reflorestamento sanitário, e não falamos nada.

O ralo sempre entope; e ela jamais entende o que aconteceu, e dá-lhe inferno e dá-lhe Diabo Verde.

E ainda reclamam dos respingos de nosso mijo.

VEJA SE VOCÊ É CIUMENTO

( ) Ciumento mesmo não diz alô ao telefone, já sai falando: "Onde você está?". É um GPS movido a energia solar.

( ) Ciumento mesmo não pergunta, dá a resposta no lugar do outro. Não oferece tempo para sua companhia pensar.

( ) Ciumento mesmo não questiona seu destino, é ansioso demais para acreditar em qualquer coisa. Ele aparece de repente em seu trabalho.

( ) Ciumento mesmo conversa com a sogra mais do que com a mãe.

( ) Ciumento mesmo condena primeiro para julgar depois. A ofensa é preventiva.

( ) Ciumento mesmo odeia os amigos solteiros do seu marido/esposa, e deseja sempre casar os próprios amigos.

( ) Ciumento mesmo enxerga a culpa como uma vantagem. Pressiona que sejam feitas promessas a todo instante. O objetivo é colecionar desfeitas.

( ) Ciumento mesmo confere os bolsos antes de pôr as roupas na máquina de lavar.

( ) A sentença preferida do ciumento: "Você não me valoriza." A ameaça preferida do ciumento: "Você acha que sou idiota e não vi?"

( ) Ciumento mesmo não liga uma só vez. Deixa várias chamadas não atendidas no curto intervalo de três minutos.

( ) Ciumento mesmo é uma câmera escondida dentro da rotina. Não tem lembranças, mas sim reprises.

( ) Ciumento mesmo (mulher) chama qualquer ex dele de vaca. Ciumento mesmo (homem) chama qualquer ex dela de boiola.

( ) Ciumento mesmo é um operador de cartão de crédito, nunca termina de confirmar informações.

( ) Ciumento mesmo espalha pertences pelo carro do seu par a fim de marcar território. Não estranhe se aparecer, da ala feminina, lingerie no bolso do banco, secador no porta-luvas, liquidificador no assento de trás, porção de cabides no porta-malas. Da ala masculina, o costume é plantar artigos esportivos no veículo (taco de beisebol, capacete de rúgbi e bolinhas de golfe).

( ) Ciumento mesmo não "mexe" nas gavetas, mas "arruma" as gavetas e ainda espera agradecimento.

( ) Ciumento mesmo fecha o Facebook, o Orkut e o Twitter para obrigar o(a) parceiro(a) a também apagar as contas na rede. Assim como recusa convite para beber ou dançar determinado a cobrar a retribuição do gesto.

( ) Ciumento mesmo joga verde para colher os podres. Alega que ninguém alertou nada, ele é que tem sexto sentido e vive descobrindo sozinho.

( ) Ciumento mesmo não discute a relação. No seu entendimento, ele é forçado a brigar para salvar o relacionamento.

FALSO BRILHANTE

Há o condicionamento de que amor mesmo, de verdade, é gastar metade do salário para a esquadrilha da fumaça assinar o nome da namorada pelos céus da cidade.

Temos uma noção de que amor mesmo, de verdade, é exibicionista. Depende de surpresas públicas de afeto como serenata na janela, carro de som, anúncios na TV, outdoors com pedido de casamento.

Mulheres e homens se desesperam por um amor público, encantado, de estádio cheio, e cobram provas mirabolantes de seus parceiros. Reclamam da rotina, da previsibilidade, e exigem declarações barulhentas para despertar a inveja do próximo.

O amor espalhafatoso recebe a fama, mas o amor contido é o mais profundo.

Ao procurar o amor empresarial, desprezamos o amor funcionário público, que atende às ligações e escreve nossos memorandos.

Ao perseguir o amor de cinema, desdenhamos o amor de teatro, de quem encena a peça todo dia ao nosso lado, sempre com uma interpretação nova a partir das falas iguais.

Ai meu Deus, ai meu Jesus

Ao cobiçar o amor sensual de lareira e restaurante, apagamos a delícia de comer direto nas panelas, sem pratos, sem medo do garçom.

Ao perseguir a aventura, negamos a permanência.

Preocupados em ser reconhecidos mais do que amar, esquecemos a verdade pessoal e despojada do nosso relacionamento. Recusamos o amor constante, o amor cúmplice.

Não valorizamos a passionalidade silenciosa, a passionalidade humilde, a passionalidade generosa, a passionalidade tímida, a passionalidade artesanal.

O passional pode ser discreto na aparência e prático na ternura.

O amor mais contundente é o que não precisa ser visto para existir. E continuará sendo feito apesar de não ser reparado.

O amor real é secreto. É conservar um pouco de amor platônico dentro do amor correspondido. É reservar as gavetas do armário mais acessíveis para as roupas dela, é deixar que sua mulher tome a última fatia da pizza que você mais gosta, é separar as roupas de noite para não acordá-la de manhã. E nunca falar que isso aconteceu. E não jogar na cara qualquer ação. E não se vangloriar das próprias delicadezas.

Buscá-la no trabalho é o equivalente a oferecer um par de brilhantes. Esperá-la com comida pronta é o equivalente a acolhê-la com um buquê de rosas vermelhas.

São demonstrações sutis, que não dá para contar para os outros, mas que contam muito na hora de acordar para enfrentar a vida.

SOU TODO SAUDADE

A saudade é uma separação que inventou o casamento. Não é reencontrando minha mulher que desfaço o mal-estar de ter estado longe. Ainda que seja uma hora, um dia, uma semana.

Sentir saudade agora é sentir as saudades de minha vida com ela.

Saudade é uma experiência que não termina de terminar.

Com a saudade, não sinto falta dela, mas do que sou com ela.

Saudade é vaidade. Lamento a própria ausência, apesar de parecer preocupado com a ausência dela.

Saudade é o luto do meu pensamento, a morte do meu pensamento. É nunca mais pensar como solteiro; é pensar como casado daqui por diante. Jurarei que minha risada é mais extravagante em sua companhia, de que sou mais elegante em seus ombros, de que o mundo gosta de nos ver abraçados.

Saudade é não se bastar mais, é depender de alguém para continuar sendo. Depender de alguém até para deixar de ser.

Com a saudade, finjo que me preocupo com minha amada, mas é apenas um jeito de me preocupar comigo. Ela não está mais perto para me melhorar, me antecipar.

Não é que posso perdê-la, eu é que posso me perder longe do que já fui com ela.

Saudade é uma soma daquilo que não somos quando o outro se afasta e daquilo que somos quando o outro está junto. É a certeza de nossa insuficiência. Representa um desfalque da personalidade. Passo a me dar conta de que somente existo para me exibir a ela. Isolado, tenho a sensação de engano, de boicote, de que não nasci inteiro, de que não morrerei inteiro. Minhas palavras ficam tímidas; meu rosto, desafinado.

Saudade é imaginar por dois não sendo mais nenhum. É agir solitário no plural.

Não é uma generosidade, mas seu contrário: um profundo egoísmo; não queremos que a amada se distancie para que ela não descubra nossa desimportância. No fundo, é o medo de que a nossa companhia não sinta saudade. O receio do fim. A primeira histeria. A primeira crise de nervosismo.

Saudade é uma covardia corajosa, uma ansiedade cheia de paciência, uma preocupação despreocupada. É se ofender elogiando outro, é se elogiar ofendendo o outro.

Saudade é uma antecipação do abandono. Uma despedida provisória que dói igual a um desenlace definitivo. É um aceno que não entrega a mão ao ar, um cumprimento que não fecha os dedos.

A saudade é acordar na sexta como se fosse sábado. É vestir nossa roupa predileta para permanecer em casa. É arrumar a cama para dormir no sofá.

A saudade surge antes da saudade. Definimos dentro do fato qual será a lembrança de que sentiremos saudade. Sentimos saudade no meio da experiência.

Saudade é uma alegria entristecendo.

Porque toda alegria só será definitiva depois da saudade. Depois da tristeza.

QUE DIA É HOJE?

— Onde estão as crianças?
— Na casa da avó.
— Por que tudo isso?
— É um dia especial, amor.
— Nossa, querido, não esperava que você me preparasse o jantar!
— Não podia ser menos.
— Mas até velas, Jesus!, champanha Brut gelada!
— Viu? Não esqueci, nunca poderia esquecer.
— Esquecer do quê?
— Não diz que esqueceu, Joana?
— Não, não, imagina…
(Não era aniversário dela, muito menos dele.)
— Ai, que bom, já estava com medo de que não tivesse sido importante para você.
— Claro que foi, estava fingindo surpresa.
— E o que lembra daquele dia?
— Ahn.

— Daquele dia, o que mais marcou você?

(Não era aniversário do casamento, nem do namoro.)

— Ah... Seu jeito de mexer meus cabelos.

— Mas você não me deixava tocar, dizia que o cabelo de prenda é como beijo de puta.

— Ah, é mesmo.

(Pô, aniversário de quem?)

— O que não esqueço; senta, vamos comer.

— Que delícia, tortei.

— Deixa que sirvo; o que não esqueço é que você foi embora pensando que eu iria correr atrás.

— E?

— Como assim "e"? Eu corri, né?

— É verdade...

— Você não lembra que dia é hoje, não lembra, esqueceu de novo!

— Olha, Olavo, juro que tentei, mas não fica magoado, por favor...

— Como que não? Parece que somente eu dou bola para a relação.

— Não é isso, tô muito cansada para forçar a cabeça.

— Forçar a cabeça? Eu não mereço seu esforço, ótimo.

— Não é isso, é que...

— É que?

— É que eu não queria cobrança de nada.

— Comemorar agora é cobrança, onde vamos parar?

— Não quero estragar, vamos lá, me perdoa.

Ai meu Deus, ai meu Jesus   241

— Porra, Joana, é o dia do nosso primeiro beijo, há dez anos, na frente da banca do Mercado Público.
— Como você é romântico...
— E como você é insensível...
—Vai começar?
— Perdi a fome. Pode comer sozinha...
— Não faz cena, Olavo!
— E só para você saber: é também aniversário de nossa primeira briga.

EU SOU VOCÊ

Você não aguenta reprisar o corredor dos perfumes do mercado. "Vamos?", o marido não se mexe, demora todas as vidas de Chico Xavier para escolher um produto. Investiga preço, lê os componentes, pega dois xampus e três condicionadores para testar qual é melhor.

— Tem certeza que você precisa de tudo isso? — você pergunta.

Ele despreza sua curiosidade e liga para o amigo disposto a confirmar a dica. Recapitula, pelo telefone, os ingredientes das costas da embalagem: glicerina, geramol...

* * *

Você está com a mão na maçaneta aguardando sair e não suporta a sensação de arbusto de hospital. "Vamos?", mas o marido demora para pentear os cabelos. Acabou de testar os xampus e os condicionadores e depende de uma opinião sincera do espelho.

— Arrumado assim só para almoçar? — você pergunta.

* * *

Você assiste a seu seriado predileto no sábado e seu marido inventou de arrumar o apartamento. Além de lavar a louça e desinfetar os banheiros, ele liga o aspirador de pó.

O aspirador de pó é o único herdeiro do cortador de grama. Pelo barulho infernal logo cedo, você descobre que seu companheiro é pior do que a própria mãe. Quando começa uma faxina, põe a família a se sentir culpada.

— Tinha que ligar o aspirador justo agora que estou vendo *House*? — você pergunta.

* * *

Você é carregada pelo marido. Hipnotizado pelas vitrines, ele nem nota que puxa sua mão com força. Entra na quinta loja para espiar a promoção de sapatos. Você não suporta mais caminhar, nem é pelo salto que nunca usa, é que sonhava sestear no sofá e terminar o *House* interrompido pelo aspirador de pó. Você enxerga, ao fundo da loja, um banquinho alto. Senta e respira aliviada: o banquinho é bebedouro no deserto dos consumistas.

Ele recebe cinco caixas da vendedora e experimenta os pares com meticulosidade cênica. Dobra o pé imitando uma bailarina na barra.

— Gostou?

Você somente pensa em dizer:

— Vamos embora desse shopping?

Engole a seco as palavras para não ser cobrada pela indisposição.

* * *

Você marcou uma partida de volei com as amigas, volta para casa de madrugada depois de uma carne e rodadas de chope. Seu marido questiona o motivo da demora. Você não fez nada de errado, mas não está a fim de dar satisfação, toma banho e vai dormir.

* * *

No café da manhã, ele lhe espera com o rosto murcho, de pão do dia anterior. Você já entendeu o recado: ele quer discutir o relacionamento pela enésima vez na semana, quer corrigir alguma coisa de sua atitude.

— Porra! — desabafa. — Casamento não é aula de caligrafia.

— Para de gritar comigo!

Você não tem escolha, é conversar ou o fim, seu marido confessa que não vem sendo valorizado, que permanece sozinho a maior parte do tempo, que você não elogia a janta que ele prepara, que você precisa oferecer um mínimo de atenção aos filhos, que vocês ainda não reservaram uma noite para assistir a caixa de filmes da Julia Roberts. Ele chora, você tenta consolar e não consegue, o sujeito sai correndo de chinelo com meia e bate a porta do quarto:

— Me deixa em paz!

* * *

Você atende ao pedido e segue para o escritório. Mal entra em sua sala, toca o celular e seu marido começa outra discussão reclamando de sua frieza por tê-lo abandonado aos prantos. Ele mia inconveniências de seu comportamento enquanto você

Ai meu Deus, ai meu Jesus 245

finge que escuta e gesticula aos colegas as atividades que devem ser feitas.

* * *

Não sei o que passou pela cabeça da mulher quando desejou mudar o homem.

O LONGO CAMINHO DO CORAÇÃO FEMININO

Se você está casado, é um vencedor. Merece cada volta completa na rede. Cada ronco do mate. Sobreviveu a toda a desconfiança feminina, a todos os testes que sua musa impôs a um relacionamento.

A mulher tem um Desenvolvimento de Recursos Humanos na alma para escolher seu par perfeito. Um Hans Christian Andersen introjetado para recrutar parceiros.

Ela não se casa com qualquer um, é uma longa seleção a partir de contos de fadas como A Pequena Sereia, Os Sapatinhos Vermelhos, A Princesa e a Ervilha e A Polegarzinha.

Se usa aliança na mão esquerda, desbancou superstições, crendices e conselhos. Já pode escrever um livro de autoajuda e descrever sua façanha.

Desde os três anos, a mulher responde a enquetes sobre como ser feliz no romance. É veterana no assunto. Seus olhos carregam o pdf da *Sabrina* (o pretendente pode fazer download no primeiro encontro).

Se você está casado, é um vitorioso. Superou concorrentes desleais e pré-requisitos dificílimos. Escapou das premonições da sogra, que vivia dizendo a sua filha com quem ela poderia se envolver e de quem não deveria nem se aproximar, driblou o olho gordo dos cunhados e do sogro, que tentaram desqualificar a aproximação de ectoplasmas masculinos. Ninguém ajudou a chegar aonde você se encontra, no lado direito ou esquerdo da cama, com direito a um abajur e uma gaveta no criado-mudo.

O matrimônio é uma batalha épica somente igualável à fecundação. No seu percurso até o óvulo, o espermatozoide teve que enfrentar inimigos como os espermicidas e o preservativo, barreiras biológicas como o baixo pH vaginal e glândulas mucosas e vencer a licitação pública de 200 a 500 milhões de espermatozoides.

Em seu caminho ao coração de sua dona, não há moleza. Condicionado a achar a saída do labirinto do mapa astral, convergir com os horóscopos, fechar com o retrato falado da revista *Capricho*, saciar as sinopses dos filmes favoritos e atender às expectativas das canções de Chico Buarque. Não é tarefa para fracos e pobres de espíritos.

Justifica receber de presente o pay-per-view da Libertadores.

Escapou da sabatina do Congresso do Amor, resistiu à CPI da Transparência, desmentiu suspeitas durante o namoro, abriu as contas no noivado. Deixou para trás ciganas loucas por um cigarro, e saiu ileso das profecias da cartomante em alguma tenda ou fundos de residência (sua cara-metade ouviu o jeito que você seria no tarô, e cruzou as informações com suas palavras e atitudes minuto a minuto).

Não foi barbada. Sua esposa mantém uma câmera escondida no rosto, confirmando evidências e comparando padrões. Ela não escuta, analisa. Não fala, soluciona. Não esquece, guarda arquivos temporários.

Se você está casado, é um afortunado. Valorize a si mesmo. Ou cumpriu o impossível, ou sua mulher deu cola para você passar na prova e subir ao altar.

ORIGEM DO MAL

Descobri, descobri, descobri por que o homem é insensível.

Sabe aqueles testes de revistas femininas? Nos deixaram de fora.

Não contamos com a sorte de preencher os questionários.

Nenhuma publicação masculina se preocupou com os nossos medos.

Ficamos destreinados, sem preparação intelectual para enfrentar o casamento.

O homem não teve oportunidade de responder enquetes sobre o amor, o sexo, a paixão. O que nos falta é o raciocínio de múltipla escolha, que sobra nas mulheres.

O homem não pôde testar se sua namorada o amava, se transava bem, se ela queria ficar junto dele pelo resto da vida.

Nadinha de nada. Não pôde se especializar no comportamento dos outros. A diversão de marcar x ao lado das letras, conferir resultado ao final.

Foi uma maldade que fizeram com a gente, um crime.

Então, tomei a iniciativa de libertar os homens. Pegue papel e caneta na mão, e vamos testar nossos conhecimentos, nunca é tarde para saber quem somos:

1) Caso sua mulher apareça em casa com as pantufas da Minnie, você a recebe com:

   a) Manda ela devolver na loja e trocar por uma caneca do campeonato gaúcho.
   b) Escondido, pega um estilete e corta as extremidades da pantufa para facilitar seu fim.
   c) "Que fofo, eu vou comprar a do Mickey para formarmos um casalzinho."

2) Quando você chega tarde do futebol, sua mulher pergunta onde esteve, qual é sua reação?

   a) "Não fiz gol, não me incomoda!"
   b) "Para de me controlar, estava explicando aos amigos por que joguei mal."
   c) Senta para conversar e enfrentar uma Discussão de Relacionamento de duas horas.

3) No momento em que você abre a porta, é surpreendido com a casa no escuro, tomada de velas:

   a) Nem estranha, acredita que faltou luz.
   b) Usa a lanterna do celular.
   c) Lembra que esqueceu o aniversário de casamento e sai de fininho para comprar um presente.

4) Quando ela percebe que seu catálogo telefônico do celular só tem mulher, sua explicação é:

   a) "Um dia posso precisar ligar para alguma."
   b) "Tenho preguiça para apagar telefones."
   c) "São amigos que trocaram de sexo."

5) Quando você goza rápido, qual a sua reação?

   a) Já está roncando.
   b) "É que você me deixa muito excitado."
   c) "Foi mal!"

Some os pontos das alternativas:

Letra A: 1 ponto
Letra B: 2 pontos
Letra C: 3 pontos

Se você marcou:

5 a 7 pontos: Parabéns, você é um grosseiro de marca maior.

8 a 11 pontos: Parabéns, você é um mentiroso.

12 a 15 pontos: Parabéns, você é um animal doméstico.

Ai meu Deus, ai meu Jesus

TRADUZINDO A ALMA FEMININA

Mulheres têm um idioma particular. Elas falam duas coisas ao mesmo tempo. São várias expressões que não podem ser compreendidas ao pé da letra. Apresentam um sentido totalmente diferente daquilo que a gente pensava.

Responda o questionário e veja se você é poliglota do amor:

1) Quando a mulher diz "vamos sair um pouco!" significa:

   a) "Eu quero mudar de canal, não aguento mais futebol!"
   b) "Vamos visitar a minha mãe?"
   c) "O que acha de irmos pro quarto?"

2) Quando a mulher diz "estou depilada" significa que:

   a) Está a fim de sexo.
   b) "Vamos visitar a minha mãe?"
   c) Tirou um pelo encravado.

3) Quando a mulher diz "só um minutinho" significa:

   a) Duas horas e um minutinho.
   b) "Vamos visitar a minha mãe?"
   c) "Sai daqui agora!"

4) Quando a mulher diz "estou irritada" significa que:

   a) Ela está maluca.
   b) "Vamos visitar a minha mãe?"
   c) Acabou de falar mal de você para as amigas.

5) Quando a mulher diz "tenho dor de cabeça" significa:

   a) "Me deixa quieta!"
   b) "Vamos visitar a minha mãe?"
   c) "É sinusite!"

6) Quando a mulher diz "você não presta" significa:

   a) "Eu te amo apesar de tudo."
   b) "Vamos visitar a minha mãe?"
   c) "Eu te odeio e vamos nos separar."

7) Quando a mulher diz "cala a boca" significa que:

   a) Você não sabe ouvir.
   b) "Vamos visitar a minha mãe?"
   c) Ela quer ser beijada.

8) Quando a mulher pergunta "tem alguma coisa na geladeira?" significa:

   a) "Me leve para jantar fora!"
   b) "Vamos visitar a minha mãe?"
   c) "Você não foi ao mercado."

9) Quando a mulher diz "não é necessário, amor" significa:

   a) "É muito importante, amor."
   b) "Vamos visitar a minha mãe?"
   c) "Não precisa mesmo."

10) Quando a mulher diz "você não me entende" significa que:

    a) Você não faz o que ela quer.
    b) "Vamos visitar a minha mãe?"
    c) Você não pode criticá-la.

11) Quando a mulher diz que está indecisa numa loja significa:

    a) Um pedido para você comprar a peça e dar de presente.
    b) "Vamos visitar a minha mãe?"
    c) Um pedido pra você largar a revista e olhar pra ela.

12) Quando a mulher diz "pode ir sozinho" significa:

    a) "Me leva junto, por favor."
    b) "Vamos visitar a minha mãe?"
    c) "Seria melhor ficar em casa."

13) Quando a mulher diz "pode atender ao telefone" no meio de um filme significa:

    a) "Desligue o celular, pô!"
    b) "Vamos visitar a minha mãe?"
    c) "Estou com sono."

14) Quando a mulher diz "amanhã" significa:

    a) Nunca.
    b) "Vamos visitar a minha mãe?"
    c) Agora.

15) Quando a mulher diz "hoje" significa:

    a) Ontem.
    b) "Vamos visitar a minha mãe?"
    c) Hoje mesmo.

16) Quando a mulher diz "vamos dormir" significa:

    a) Dormir mesmo.
    b) "Vamos visitar a minha mãe?"
    c) Transar.

Ai meu Deus, ai meu Jesus

Some os pontos das alternativas:

Letra A: 1 ponto
Letra B: 2 pontos
Letra C: 3 pontos

Se você marcou:

16 a 25 pontos: Parabéns, você é um profundo conhecedor da alma feminina.

26 a 37 pontos: Parabéns, você é um machista com chance de reabilitação.

38 a 48 pontos: Parabéns, você é um boçal incurável.

FABRÍCIO CARPINEJAR

Nasceu em 1972, na cidade de Caxias do Sul (RS), Fabrício Carpi Nejar, Carpinejar, poeta, cronista, jornalista e professor, autor de vinte livros, oito de poesia, cinco de crônicas e sete infantojuvenis.

É apresentador da TV Gazeta, colunista do jornal *Zero Hora* e comentarista da Rádio Gaúcha.

Seus poemas aparecem como questão de grande parte dos vestibulares do Brasil, como UFRJ, UFRGS e Universidade Católica de Goiás.

Foi escolhido pela revista *Época* como uma das 27 personalidades mais influentes na internet. Seu blog já recebeu mais de dois milhões de visitantes e o twitter ultrapassou cento e cinquenta mil seguidores.

Recebeu vários prêmios, como Jabuti 2009, da Câmara Brasileira do Livro; APCA 2011, da Associação Paulista dos Críticos de Arte; Erico Verissimo 2006, pelo conjunto da obra, da Câmara Municipal de Vereadores de Porto Alegre; Olavo Bilac 2003, da Academia Brasileira de Letras; Cecília Meireles 2002, da União Brasileira de Escritores (UBE); três vezes o Açorianos de Literatura, edições 2001, 2002 e 2010.

Além disso, *Um terno de pássaros ao sul* (Bertrand Brasil, 2000, 3ª ed.) é objeto de referência em *The Book of the Year 2001* da *Enciclopédia Britânica*; o Programa Nacional Biblioteca Escola (PNBE) adotou o juvenil *Diário de um apaixonado: sintomas de um bem incurável* (Mercuryo Jovem, 2008); *Menino Grisalho* (Mercuryo Jovem, 2010) mereceu o selo "Altamente Recomendável" da Fundação Nacional de Literatura Infantojuvenil (FNLIJ); e *Filhote de Cruz Credo* (Girafinha, 2006, 2ª ed.) inspirou peça de teatro, adaptada por Bob Bahlis.

Fabrício Carpinejar já foi patrono das feiras dos livros de São Leopoldo (2001 e 2010), Barra de Ribeiro (2002), Esteio (2006), Taquara (2006), Cachoeirinha (2007), São Sebastião do Caí (2007), Lajeado (2007), Niterói/Canoas (2007), Santa Clara do Sul (2008), São Sepé (2008), Garibaldi (2008), Viamão (2009), Torres (2009), Gramado (2010), Carlos Barbosa (2010), Sertãozinho/SP (2010), Três Cachoeiras (2010), Lagoa Vermelha (2011), Venâncio Aires (2011), Camaquã (2011), Arroio do Sal (2012), Candelária (2012), Tapejara (2012), Pinhal (2012), Cachoeira do Sul (2012) e Canoas (2012). Indicado a patrono nas edições de 2004, 2005, 2006 e 2007 da Feira do Livro de Porto Alegre (RS).

Twitter: @carpinejar
Blog do autor: http://www.carpinejar.blogspot.com/
Facebook: http://www.facebook.com/carpinejar
E-mail: carpinejar@terra.com.br